WORKPLACE
ECONOMICS

职场
经济学

刘捷◎著

ZHEJIANG UNIVERSITY PRESS
浙江大学出版社

图书在版编目（CIP）数据

职场经济学 / 刘捷著. — 杭州 ： 浙江大学出版社，
2020.6
　ISBN 978-7-308-20086-8

　Ⅰ．①职… Ⅱ．①刘… Ⅲ．①经济学-通俗读物
Ⅳ．①F0-49

　中国版本图书馆CIP数据核字（2020）第039208号

职场经济学

刘　捷　著

策　　划	杭州蓝狮子文化创意股份有限公司
责任编辑	张　婷
责任校对	杨利军　张培洁
封面设计	张志凯
出版发行	浙江大学出版社
	（杭州市天目山路148号　　邮政编码　310007）
	（网址：http://www.zjupress.com）
排　　版	杭州林智广告有限公司
印　　刷	杭州钱江彩色印务有限公司
开　　本	880mm×1230mm　1/32
印　　张	8.375
字　　数	147千
版 印 次	2020年6月第1版　2020年6月第1次印刷
书　　号	ISBN 978-7-308-20086-8
定　　价	49.00元

序
职商——新工作时代不可忽视的软实力

没有背景，没有站队，也没有各种神奇兵法，只是简简单单做正确的事、做胜算较大的选择，就可以走进职场高管行列。大学毕业三年半成为国企中层，做过上市公司最年轻的董秘，也做过独角兽的董事，还做过掌管几千名员工的 CEO，这是我曾经的职场之路。成为名字一直出现在报端的那种"打工皇帝"的概率很低，但是要达到或超过我曾经的职场成就，却没那么难。对我来说，20 年来坚持研习的宏微观经济学让我知道了什么是正确的事、什么是胜算较大的选择；除此以外，坚定的三观、扎实的企业管理理念、充分的职场心理研究、丰富的投资技能和广阔的视野都对我大有助益。

所以，在我看来，职场人的发展不仅取决于职业技能和专业知识的掌握，更关键的是思维和理念。不同的思维和理念决定了不同的选择和行为，由此产生了不同的结果。思维和理念是软实力，这种软实力，我称之为"职商"。

职商，就是职场人认知自己、认知职场、经营自己、经营关系、学习拓展、识别并应对危机和机遇的一整套的态度和思想方法。

认知自己，你需要保持真诚、清醒和准确。真诚，就是你要真正了解自己的内心。你的初心是什么？你有怎样的三观？哪些是你一生的渴望？哪些是你坚持的？哪些是你迷惘和不解的？清醒，就是你要正视自己的长处和短板，或许你偶尔为了生存会不懂装懂或者掩饰不足，但对自己的认知要保持清醒；准确，是对自己有一个客观的评估，才能做出正确的选择。而准确评估自己是有方法的。

认知职场，你需要建立"组织的存在是为了整体，因此整体利益高于也优先于个人收益"的理念，也需要确立与组织之间"相互利用，相互成就"的关系。职场既是一个对你的贡献支付薪酬的地方，也是一个让你的能力得以施展、理想得以实现的平台；你在职场收获的不仅仅是金钱，还有你的职业品牌和社会地位，而无论哪一种收获，都依靠于你为组织整体的发展做出的贡献。

经营自己，你需要像创业一样来规划自己的职业生涯。而且这次"创业"是人生的必需经历，亏损或失败都没机会重来，不容放弃。正如我之前出版的《像经营企业一样经营自己》一书中所说，企业经营是通过投入设备、资本和人力，再加上管理来赢得收益，而职场人也是投入了自己的时间、经验和能力来赢得回报的。因此，回答怎样投入才能实现高效率、获得高收益这一问题，也需要有经营管理自己的意识和理念。

经营关系，你需要发展你的人脉、提升你的圈层。如今，职场人的发展已经不是单靠个人能力和努力就可以实现的。想取得工作成果，需要组织内部和外部的助力；想提高学习能力，需要前辈和师长的提携指点；想实现规划、在关键节点把握机会，需要"贵人"的一臂之力。关系不是运气，你想要时未必就有，需要你经年累月的经营。

学习拓展，你需要掌握学习的能力。学生时代的"学霸"未必智商高出你多少，人家强的是学习能力，有独到的方法，有独立的思维逻辑，可以用最快速度掌握要点，懂得将知识贯通。在职场中，努力、专业、忠诚……这些都是重要品质，但是真正决定你能走多高和多远的，是学习能力。唯有具备超强学习能力的人才可以做到——从未曾接触过的困境中找到出路，洞见趋势，每到新的一处、接手新的事物时能快速抓住本质，将偶然的成功总结成经验，从每一次失败中看到危机、察觉漏洞……而这也正是高阶职场人的晋升之路。

识别并应对危机和机遇，你需要懂得看大背景、大趋势，也要懂得看小环境。虽然普通人无法从根本上左右组织的发展，但你自身成长的好坏极大依赖于组织的健康发展程度。看到机遇时，要果断做出选择，并且全力以赴；而发现危机时，也要决然地规避或者放弃。每个人的职场都不会一成不变，抓住一两个机会、少踩一两次雷，你和那些不敏感或者没有判断力的人相比，可能已经是半山和谷底的区别。

这一整套的态度和方法，并称为"职商"。职商，决定了一个职场人能达到的高度。

为了形成这一整套的态度和方法，职场人在不同的时期和岗位上需要学习建立相应的知识框架及思维体系。

初阶职场人，指进入职场 3 到 5 年，尚未成为独立部门负责人或团队管理者的人，包括普通员工、小主管、部门助理或者副职。在这一个阶段，需要学习和建立的是三个基础通识模块：经济学思维、管理常识和学习能力。

经济学思维，是一个人能够对事物做出理性判断的思维基础。将自己的时间经验当作"投资"，将自己拥有的一切看作"资本"，从而思考"资本回报"、"投资收益率"；懂得评估自己的"价值"，懂得计算获得的"收入"和付出的"成本"；理解"边际效应"，从而提高收益；理解"周期"，从而在不同时间段采取不同的对策；理解"博弈"，从而在应对职场各方诉求时游刃有余；理解"沉没成本"和"机会成本"，从而让自己始终做出正确的选择……职场人可以不钻研经济学，却不可不知经济学常识，不可不具备经济学思维。

管理常识，是企业管理的各种规律规范背后的原理。职场人并不是简单的被要求和被指挥的角色，若想在职场中有所作为，必然要有主动的施加管理、参与管理的行为，也就不能不对管理常识有清晰的了解。有人的地方就是江湖，职场就是一个复杂的大江湖，其中有明规则，也有很多潜规则，随时有新的有效的管理举措出现，也随时有不合时宜的旧管理方式被淘汰。一入职场，就需要从管理的概念和原理去理解：什么是"老板"？什么是"组织结构"和"管理边界"？为什么"考核"很重要以及为什么"考核反馈"更重要？什么是"管理沟通"以及为什么说沟通是企业管理的核心？怎样从"业务流"、"信息流"和"资金流"来认知企业？什么是"财务管理"和"人力资源管理"？……知其然，更要知其所以然。在管理科学从 1.0 向 2.0 变化的时代，只有知其所以然才能灵活运用各种管理工具，进而推陈出新。

学习能力，是快速接受新知识并抓住核心要素的能力，是懂得将新学到的知识和已经掌握的知识融会贯通的能力，是随时能将工作和生活中的各种得失进行总结、检讨和提炼的能力，是能将任何口头或书面的东西进行运用的能力。有意识地培养学习能力，是初阶职场人晋升的必备模块。

中阶职场人，指进入职场 5 年到十几年，已经进入管理中层，成为企业中坚力量的人。在这一个阶段，需要完善的是三个发展与管理的辅助模块：初心和愿景、态度和修养、必要的职场心理素质。

初心和愿景，是一个人一生最热切的渴望，是职场生涯中最重要的目标。有人以家庭为重，有人事业心强，有人最看重的是社会关系；有人追求的是目的，有人追求的是过程；为了完成同一件事，有人的出发点是获取结果，有人是出于自我的实现，不仔细分辨，有时连自己都会看不清自己。而在进入中阶以前，自我的初心和愿景是必须要搞清楚的，不然再做大幅调整的话，之前的累积就会白白浪费，也就是我们说的"机会成本太大"。很多人数十年都做着不喜欢的工作，没有动力，也没有进步，却又无力改变，就是这个原因。

态度和修养，与个人的口碑、职业品牌息息相关。要做事，先要会做人。在职场中，大多数时候态度比能力更重要，而且态度会改变事情的走向；而修养，是中阶以上管理者与初级职场人的内在区别，有些人会给自己平添很多困阻，有些人则始终能得道多助，上司青眼相加，下属诚心拥戴。梁晓声说过，文化是根植于内心的修养、无需提醒的自觉、以约束为前提的自由、为别人着想的善良。由此展开，可过渡到职场中应持的态度、应有的修养。

职场心理素质，是你在职场中与他人建立良好关系的基石。想要拥有超乎常人的情商，在职场中如鱼得水，你必须懂点心理学。了解职场中常见的心理误区和个人心理弱点可以用来内省，利用交流与沟通中的心理学效应可以获得双赢，学习必要的社会心理学可以应对突发的社会和经济状况。中阶职场人，已经不是单靠自己或者一个固定的小团队就可以完成职业任务的，而是要内修外练，与不同的群体打交道。既要与形形色色的社会人士打交道，也要与某些关键人士进行单独或小范围交涉。学习必要的职场心理学知识，使职场人不仅能克服自身的心理弱点，坚持自我意识和行为，还能掌握和利用他人的心理，获得主动与有利的结果。

　　高阶职场人，指拥有至少 10 年以上的工作履历，能够独当一面，成为企业或重要分支机构的负责人，或者企业某一职能领域的统筹管理者的人。这类职场人的身份多是事业部总经理、总部总监或副总裁、总裁。就职场而言，这些人应该属于在金字塔顶端的那 5%，但我们在现实中仍然会看到很多不能胜任这些岗位的人，也会看到很多具备潜质却得不到机会上位的人。高阶职场人应该具备的不是简单的知识模块，而是思维体系：对宏观经济和行业进行解读和分析的思维体系，对企业进行诊断和剖析的系统管理工具，在职业能力之外的综合素养。

　　对宏观经济和行业是否有解读能力是一个高管是否具备整体与战略思维的分界线。中央的会议、政府的政策、经济的数据、创新的科技，普通人可以不予关心，但作为高管则必须要懂得思考这些与自己所在的企业、自己负责的板块有怎样的联系。身处什么样的位置，就要有什么样的眼界和格局；身负着支持甚至是带领企业向更高处成长的责任，就要学会看得更深、更远。这种能力来自一个思维体系，以正确的、实事求是的三观和理性的逻辑为指导，将经济学研究、行业调研、专业技术研判、市场分析和预测等结合到一起，能看清现实，进而能判断趋势。

　　对企业进行诊断和剖析，对高管来说就是熟悉自己所在的"船"。行驶在变幻莫测的市场波涛之中，作为核心驾驶团队的一员，对船的性能不可不知。是以速度见长，还是以抗风浪为优势；是具有扩展性，还是已经存在极大的隐患漏洞，这些判断决定了船能不能顺利抵达目标彼岸。无论你分管的是哪一个板块，作为高管，你对企业的业务流程、竞争优势和劣势、财务状况、人力资源配置、战略的合理性都要有自己的判断，对存在的不足和问题要有分析内在原因，进而着手解决的能力。

综合素养，对于高管来说很多时候是能不能更上一层的重要因素。到达一定的层次后，大家在专业性以及管理能力方面相差不多，区别在于谁在"有用"的同时还特别"有趣"，在于谁的知识面相对更宽广，在于谁的抗压能力更强，在于谁的表达更有技巧和魅力，甚至歌声、牌艺、讲段子的能力都能加分。先天的个性很难改变，但是这些综合素养完全可以在平时逐渐修炼提升。

"职商"体系有九个板块，初阶、中阶和高阶的职场人各有侧重，也不是一定要循序渐进。有些初阶职场人是投资经理出身，所以对诊断和剖析企业非常熟悉，每个人只要根据对自己的认识和判断来进行学习和完善就好。职场也好，管理也好，并无定式可言，完全可以独辟蹊径，走出自己的成功之路，而"职商"体系的存在是为了让更广泛的人群能有更大概率走向成功。

未来2—3年，我将针对这几个板块，打磨出一系列的图书，这本《职场经济学》正是一个开始。但愿通过这套"职商修炼"的书，大家能够有所启发，从而更加从容、科学地去规划自己在职场中的晋升之路。这对于我有着极大的意义，也是我砥砺前行的动力。

前言
职场人的经济学思维

职场中有不同的人。我从事企业管理数十年，见过数以千计的同事、部下，以及外部公司不同类型的员工。本质上讲，我认为职场人基本可以分为两类。

一类我称之为"小职员"。他们一般只关注眼前利益，安于现状。通常，我们会在这类职员身上看到一些共性。比如，认为"钱多事少离家近"的工作就是好工作；永远觉得自己没有被公平对待，觉得自己付出多而得到少；认为周围那些现状更好的人是因为运气；觉得打工者只是被人利用的工具而已，"投胎"在哪个企业才是日子好不好过的关键……无论是从多家企业 HR 考评统计的结果来看，还是从我亲自带过的团队来分析，这类"小职员"在职场中几乎占了八成，这也符合经济学中的"二八定律"，他们属于随波逐流、混日子的那八成。

然而，"小职员"还可以分为两种。

一种是抗拒任何改变的。他们一边寄望于维持现状，一边想从现状中获得更多，平时在职场上总是抱着"完成任务就好"的心态。和别人付出一样的，却总想要更好的回报，拿不到更好的回报时便觉得少付出一点才会赚到。这一种人基本上就是我们平时所定义的"loser（失败者）"，总是充满负能量，不断抱怨。在不断变化的市场和社会中，这种人永远在最底层挣扎，随时可能被击垮。

另一种"小职员"适应性相对较强，能够在变化到来时去学习、去调整，尽管是出于被动。他们会跟随潮流去学外语、学编程、考公务员、考财会证，多方应聘或者托关系以便让自己能从处于下行趋势的企业或行业转到更好的岗位，在工作中会有意识地去观察、趋利避害、寻找捷径。虽然走不到多高的位置，但总能让自己过得比前一种"小职员"好一些。他们多少还有一些自主意识，所缺的是有效的思考方式和合理的职业规划。

和"小职员"相比，剩下的两成左右我称之为"职业人士"。"职业人士"有着出色的专业技能，并且具备较强的持续学习的能力，能从工作中总结方法，甚至有所创新。他们会成为不同企事业单位的中坚力量，甚至进入高收入人群行列。当然，现实中，我们在"小职员"类型里也会看到有收入高的，但他们的收入多半是靠背景和关系，或者是靠所在企业在行业内的垄断地位而获得的。

"职业人士"同样可以分为两种。

一种是被企业或行业的发展裹挟着前行，因为过往表现出色从而被赋予更多职责与要求，其发展轨迹受外力影响较多。如果职业发展到与内心诉求或个性不完全吻合的时候，他们也有很多烦恼与纠结。他们在某些特定的情境下会出现"世界那么大我想去看看"、"选择放下而去追求个人的理想"等行为。

另一种则会不断地主动寻找更好的机会。他们期待站到行业的风口，或者是搭上高速发展的企业便车，又或者是得遇伯乐……于是他们会主动选择跳槽。但也不是每一次跳槽都能成功。抛开运气因素不说，主观上的看错趋势、看错平台和看错人占了一半因素，另一半是因为没看清自己。高估能力或者误判核心竞争力也是很容易发生的。

无论你是以上哪一种，可以确定的是，当你拥有真正的经济学思维之后，你看待职场和思考的方式会和之前完全不一样。"小职员"不懂得认知与规划的重要性，所以只能是平庸的大多数；如果想成为优秀的"职业人士"乃至卓越人才，请从改变认知与规划开始！

拥有理性思考的能力

说到经济学，有一个基本假设就是我们每个人都是"经济人"。"经济人"有很多种定义，我个人比较喜欢这样来描述：每个人都会根据自身利益的最大化来决定自己的行为。

按照这层定义，那么几乎每个人都会把自己划分为"经济人"。然而事实是，很多时候，我们未必真正懂得如何做经济测算，抑或是即便懂得如何进行经济测算，也不愿按照测算结果行事。

比如，有两件一模一样的工具，一件卖 80 元，一件卖 90 元。

每个人都说自己是"经济人"，都知道要买 80 元的。

那么，假如说 80 元的工具只能用两年，而 90 元的那件可以用

3 年，怎么选？

假如说这是一件专用工具，你只需要在两年里用到它，这时又怎么选？

还有，要是这件专用工具自己不用了还可以租给别人，每年收20 元租金，又应该如何考虑？

再说个复杂点的情况，80 元的工具要一次性付清全款，而 90元的那件可以分 3 年免息分期付款，你节省下来的现金能在其他地方获得 5%、10%、15% 不等的收益，这时该怎么选？

你会说，就 10 块钱的事情，用得着这么麻烦吗？事情虽小，用到的经济学理念并不简单，而在有理性思维能力的人看来也完全不麻烦。这些问题所涉及的因素越多，越复杂，懂得正确进行经济测算的人就越少。这也是商家五花八门的促销技巧层出不穷的原因。总有人觉得自己占到了便宜，却总是会忘记"买的不如卖的精"这句老话。

作为职场人，懂得经济学思维和合理测算是基本的职业素养。更重要的是，在绝大多数时候，那些影响因素是不会作为明确的题目给到你的。你要去发现和思考那些并不明确却有可能会影响判断的因素。能否看到被别人忽略的因素，能否捕捉到关键因素，能否给出准确判断，就是区分职场"经济人"水平的分级标准。

而有时，即便你懂得了测算，也依然做不出"经济人"应做的选择。

有一个经典问题：如果有两个选择，选 A 可以立刻获得 100 万元，选 B 有一半的可能获得 1 亿元，而另一半可能则是分文不得，请问你会怎么选？

每个具备一定常识的人都知道，选项 B 的期望价值是 5000 万元。但问题是，这个期望价值是根据概率算出来的，似乎看得见、摸不着，运气不好就什么都没有。而选项 A 里的 100 万元足以使大多数人改善生活。一边是唾手可得的小富即安，很具诱惑，另一边是理性判断的价值最大化。实验结果是，接近八成的人选了 A，心甘情愿被理性的答案所嘲笑。

这是人性与大众心理经常会战胜"经济人"理性的真实写照，也契合社会的现实。在经济学中，著名的"二八定律"总结的就是这个结果。

八成人在做选择的时候只有一个从自我出发的角度，下意识地把这当成是仅属于自己的机会，而事实上机会对所有人都是均等的。如果告诉你，世界上每个人都在做这个选择题，而且八成的人都选 A，你其实和绝大多数人一样，生活几乎不会有任何改变，你还会这样快速果断地选 A 吗？你预想的那种优越感不就荡然无存了吗？当意识到这个情况后，或许会有更多的人选 B 吧。

和实验结果一样，现实生活中大多数人的发展也遵循着人性和大众心理的规律。绝大多数人都没有宏观的意识和理性的坚持，他们都是从自我的角度出发，做着看起来尽可能安稳的、确定的、貌似有利的选择和行为，最终泯然于众生；只有少数人跟随着理性、克服了恐惧，其中一部分人超越了大众；当然，也有一部分人会承受并无所获的风险。可是，生活中的选择机会又何止一次呢？如果你能坚信未来的机会、坚守"经济人"的理性，你的人生就会向期望价值逐渐靠拢，不是吗？

作为职场人，职场生涯是长远的，几十年的过程中机会众多。据统计，足以改变人生走向的重大机遇，几乎每个人一生中都会碰到至少 7 次。假如你已经习惯于放弃"经济人"的理性，遵从大众心理，那么你会和所有机会失之交臂。

更何况，职场人的经济学思维如果达到一定层级，眼界如果足够开阔，即便不能傲然于顶端，也有多种方式可以让自己胜过芸芸众生。比如，100 万元数目不小，但总有些有钱人、赌鬼不把它放在眼里，对他们来说，更多的钱都敢投入，那么理论上就可以在 100 万元到 5000 万元之间找一个数，把这次机会卖给别人，就算卖了 500 万元、1000 万元也比只拿 100 万元好，对吧？再比如，100 万元诱惑是很大，可人们对 10 块钱就都无所谓了，那我就开一个新的盘口，好比说每个人出 10 块钱，赌赢了拿走 50 块，赌输了分文没有，应该很有吸引力吧。假设找了 100 万人入局，我选了 B，如果拿到 1 亿元，他们分走 5000 万元，我拿 5000 万元，如果碰到了分文不得的情况，我就拿走他们下注的那 1000 万，也很棒，是吧？脑洞一开，这个事情放在做金融的人那里可以有无数种衍生产品来运作。

通过以上故事，我想告诉你两件事：一是要做懂得经济测算的"经济人"，并且不断去学习如何考虑更多因素、发现更关键的因素、提高测算能力；二是要懂得坚定地恪守经济测算告诉自己的结果。职场是一段长远的路途，所以你的眼光也务必长远且坚定！

培养经济学思维

想要真正成为"经济人"，单单具备理性思考的能力还不够，你还需要学会培养经济学思维。

经济学从来不是为单个人而存在的学科，最少是两个人的交易，随着参与者逐渐增多而体现于城市、国家乃至世界的运行之中。所以除了算自己的账，你还需要从他人、整体、社会的角度去看，很多时候会得出和你的常识、直觉所告诉你的完全不同的结论。

培养经济学思维的第一个要领，是克服"懒"。懒得仔细想、凭感觉做决定，这样的人可能永远都碰不到经济学的边。

有这样一个问题：汽车原来用 1 加仑①油能行驶 12 英里，经过改良以后能行驶 14 英里；摩托车原来用 1 加仑油能行驶 30 英里，经过改良以后能行驶 40 英里。请问同样行驶 10000 英里，帮谁改良能省更多的油？

凭感觉，12 到 14 才提高了六分之一，30 到 40 可是提高了三

---

① 1 加仑 ≈ 3.79 升

分之一，提高得多当然说明改良摩托车能省更多油，这还不简单吗？但是当你列出算式一算，10000/12-10000/14 ≈ 119 加仑，而10000/30-10000/40 ≈ 83 加仑，改良汽车能多省 36 加仑油！我之所以如此清晰地记得这个问题，是因为我的直觉当时也差点让我犯下一样的错误。类似的情形在很多统计中都会使你"受骗"，尤其是在你不以为意的时候。

另一种懒，是盲目轻信结论，懒得回溯过程。在信息爆炸的互联网时代，有很多信息都是未经论证而直接给出结论的。例如，知识付费领域有大量所需阅读时间为 3~5 分钟的内容，在这么短的时间里只能给出结论，就算有分析过程，也是最简单的。很多人都是根据自己的直觉和好恶去认同或者反对某个结论，从来不会去进行相关考证和学习，不会去看那个结论是怎么得出的，也不会去分析思考过程是不是合理。所以有很多人投入知识付费，只为获得一些结论性的名词或知识点，将它们作为装饰物，显得自己懂得很多，让自己看起来很有文化，尽管自己其实并不真正了解。还有很多耸人听闻的谣传和伪科学也是靠着人们的"懒"而得以传播。

培养经济学思维的第二个要领，是跳出自己、跳出局部，从他人、全局角度看问题。

举个例子：高层住宅的电梯维修费用该怎么筹措？低楼层的人说，我们可以不用电梯，而且用起来损耗也少，应该高楼层的人多出钱才对。又有人说，不仅要看楼层高低，还要看家里多少人，我家只有一个老人，还很少出门，多出钱也不合理。还有人说，要先检查造成损坏的原因，好比说要是哪一层楼使用不当，就应那一层楼的住户出钱……从每个发言人的角度看，似乎都有道理，而从经济学思维的角度，这既然是一个全体住户的问题，就要从全体住户的整体效益角度去考虑。有一个名词叫交易费用，即将所付出的时间、沟通成本，以及电梯潜在的危险等都纳入本次交易的费用，从而形成最后的结论。如果结果远超可能出现的价格差异的幅度，就应该选择最简单的方式来解决。最简单的方式就是剥离所有人的个体差异因素，只谈与整幢楼安全相关的因素，根据由面积决定的物业费分摊维修费用。就家里人少的住户而言，这并不构成其减少付费的理由，因为买房时候的房价不会因为住的人的多少而改变；而住在低楼层的人，他们所谓的损失已经在房价上弥补过了——低楼层的房价比高楼层低。如果你想让自己房屋的价值得以维持甚至上升，那么完好的电梯和经济学思维都不可少。

所以，经济学思维不能只从自己的角度出发去看问题，不能从一个人、一个部门的角度出发去看企业战略，也不能从一个企业、一个地区的角度出发去看国家政策。讨论多大的问题，就要在多大的范围内进行思考。

培养经济学思维的第三个要领是不能以为看到的就是事实。

同一家医院同一个科室有两个医生，其中一个的治愈率比较高、死亡率比较低，另一个则相反，哪一个医生的医术更加高超？事实不是已经摆在眼前了吗？其实不是。有经济学思维的人会追问一句：病人是随机分配的吗？如果病患随机分配，这个结果可以令人信服。但是，有很多时候那些疑难病患者会主动去挑选医术更高的医生，于是小毛病都在普通医生手里得到了解决，而优秀医生却经常碰到无力回天的重症，所以你看到的事实与真正的事实有可能恰好相反。

培养经济学思维的第四个要领是不能以为看得见的结果就是结果。

《劳动法》规定和保护了劳动者的各项权利，所以那些克扣社保、加班不加钱的现象都会被举报，你以为看得见的结果是企业规范起来了，劳动者愉快起来了。而事实上的结果是，只要企业运营和收益不匹配、用人规范和经济发展阶段不匹配，企业一定会找到各种办法去变相应付，如果监管过紧，只有裁人、收缩，普通劳动者仍然看不到愉快的结果。克林顿时期美国政府曾经试图推出关于大学生实习的调整法案，要求那些华尔街机构和大企业必须给实习生足够好的待遇和留用比例。这样做看似避免了大公司压榨实习生，然而最快声明表示反对这一做法的并不是大公司，而是大学生。因为他们看到了实习通路萎缩的前景，之前只要自己够优秀，实习期被压榨的损失还有可能在入职以后补回来，但现在连被留用的可能性也大大减小了。

职场人要时刻避免自己犯"头疼医头、脚疼医脚"的错误，那些你以为是解决问题的最直接的做法很可能根本不能解决问题，你想看到的结果完全看不到，还可能带来更多你事先想不到的问题。

培养经济学思维的最后一个要领，也是最难的一个，是有时你需要挑战道德立场。

春秋时期鲁国有个政策：凡是在其他国家经商或者游历的人，看到流落在外的鲁国人要把他带回国，国家会给补助和奖励。孔子的学生子贡从国外回来，很得意地对老师说，我带回来了很多流落的同胞，而且我认为这是善事，我根本没有向国家要奖励。孔子一听，非但没有表扬，反而将子贡训斥了一顿：你做得大错特错！其他人看到你这样做，会不好意思去领取奖励，然而没有奖励的话又实在没有更多的动力去做，于是会有更多鲁国人得不到救助而难以回到国内！

从经济学思维看，很多事情可能是与道德相违的，但如果按照经济规律办事、人人都有经济学思维，其实社会道德和秩序反而会逐步趋好。试图站在道德高度去挑战经济人的本性，几乎就不会有成功的。

作为职场人要有自己的判断，尤其是在你自己的职业领域，你的所作所为要符合你经济学思维的判断，你需要克服某些肤浅的道德感，未来的结果会证明经济学思维的正确，包括对道德的正面影响。

这些要领，是要职场人都能形成经济思维，让自己的行为产生更好的作用，从而使自己获得更大的收益。

在所有形成经济学思维的要领中，最大的敌人就是直觉。2017年诺贝尔经济学奖得主理查德·塞勒将人的思维方式分为两种：一种是不假思索的直觉，即直觉思维系统；另一种是比较认真的思考，即理性思维系统。主流经济学一般都默认人们会采用后者，但现实是很多人都是凭直觉行事。真正的经济学思维模式不仅要思考理性思维是如何得出正确结论的，还需要考虑如何设计行为方式，避免直觉思维，少犯错误。

直觉是基于过往经验和人性心理而形成的。每个职场人的过往经验其实都很有限，尤其初阶职场人错误率是很高的。更何况一直依赖直觉、不能克服人性心理的话，就不会有新的经验出现，职场的道路也没有了进步的空间。和直觉相抗，就要抗击懒得想、懒得探明究竟的惰性，抗击只从自己的角度出发看事情的本能，抗击接受简单事实和简单结论的便利和舒适，以及内心流于浅层和表面的道德感。

这不容易。但职场人若要进阶，相比提高技术和管理能力，更重要的事情是改变思维模式。

树立经济的职场目标

除了要完善自己"经济人"的基本人设和形成经济学思维模式，职场人还要树立经济的职场目标。

每个人的目标都是不一样的。我个人认为，什么样的目标都是可以的，没有对错高低之分。但是，这个目标对你来说是不是一个经济的职场目标？那就有区别。

如果你才华过人，又有很好的平台机会，你说你就想随便混混等退休，那就是不经济的；如果你眼下与千万人无异，也没有特长，你说你要成为马云，那也是不经济的。对职场人来说，设立一个经济的职场目标是极为重要的。

经济学上有一个名词叫**"禀赋"**。宏观经济学的禀赋是指一个国家的总体资源，包括人力资源和自然资源。不同国家会根据自身的资源丰富程度和相对优势组织生产，从而在国际贸易和分工中获得差价；微观经济学的禀赋是指一个微观个体的先天优势。对一个人来说，就是指其与生俱来的颜值、身高、声音、智商等。对企业或经济个体来说就是拥有的资源。

禀赋是我们衡量事物是否经济的一个基准。

一个职场人的禀赋包含了两个部分：一部分是先天优势，另一部分是后天资源。后天资源包括了自身及家庭所建立的人脉、口碑和社会地位、可支配的金钱、自身习得的各种技术和能力……职场人的禀赋，就是当下你所拥有的以上全部。

在我的上一本书中，我详细阐述了如何评估自己的禀赋资源。在这里我要说的是，如何基于自身禀赋资源，树立经济的职场目标。

经济的职场目标，和成功学完全不同。

有太多书和讲师，完全不管受众的禀赋差异，一味地售卖成功学，似乎照着做就可以走上风光的顶峰。且不说这些传播者本身够不够得上他自己所说的成功，光是把一样的目标以及一样的过程和方法无差别地传递给所有人，这一件事本身就违背经济学原理。

至于普遍意义上的成功者所讲的成功学，有句网络名言说得很有意思："成功者的成功学，就是一个中了大奖的人和大家分享得奖后的喜悦和选号时的心得。"成功当然不全凭中奖般的运气，但大多数的成功者在私下交流时都会很谦虚地感谢时势和命运，认为自己的努力更多是顺应了时势、把握了命运。而对其他人来说，时势已变，各人命运迥异，成功又岂是能复制的？很多时候成功学的传播，是出于两个目的：一是告诉大家他的成功是有道理的，他是掌握了成功秘诀的人，所以请继续相信和支持他；二是宣传他希望你认可并接受的理念。如果你是他的用户就请认同他；如果你是他的员工就请理解他并照他希望的去做；如果你是他的供应商，是他所投资的企业，就请跟随他所引导的规则。

我不是普遍意义上的成功者，我也不想做那一类"鸡汤"导师，所以我不会讲成功学。如果一定要讲成功，我认为实现了自己"经济的职场目标"，对大多数人来说就是成功。何谓"经济"？如果你确定的职场目标能匹配自己的禀赋，就是经济的。如果你能在和自己处于同样禀赋层级的人中成为前 20%，然后阶段性地不断提升自己的动态禀赋，那就是经济意义上的"很成功"。

别管那些大众偶像啦！他的成功和你没半点关系。当下，对你来说更为经济的职场目标应该聚焦于你工作和生活圈层可触及的范围，比如在你的同类或同龄人中表现得比绝大多数更优异。他们取得的成功对于你而言，是可参考和追赶的。而我所写、所传播的，就是那些能让你比同类人进步更快的思维方式和行事准则。

如果你自觉已经跻身前 20%，更要跑得比别人快一点。如果原地不动，那些以你为目标的人可能很快就会超过你。

想要真正提升自己，你需要做到两点：

一是坚定信念。你需要从内心、理性上认可必须这样做的理由。即便经过一段时间还没看出效果，你也要坚信这样做一定能提升自己。而经济学思维就是你最好的信念支持，因为它会在符合每一个人利益诉求的情况下形成结论。拥有经济学思维的人可以透过表象看到内在的机理，由于不能穷尽所有信息，所以难以做到完全准确，但依然能够让你对大概率的趋势持有坚定的信念。职场人的经济学思维，就是找到能更大概率提高自己职场收益的方法，然后等待时间带给你的惊喜。

二是坚持践行。光有信念还不够，还需要将内在信念转化为外在行为，并且不断坚持，直到它成为一种习惯。世界上最难演的是在一群贵族间扮演贵族，很少有骗子能胜任。因为人家的行为是从小养成的习惯，而你的行为是短期的排练。同样，刚开始改变时也未必能立即见效，只有坚持践行数月甚至数年，行为已成自然习惯，你才会真正脱胎换骨。

目　录

机会成本和沉没成本——
重新定位自己，确定性价比最高的选择

The Thinking of Economics

概念 1

成本与资本——
做企业的资本，不做成本

职场的演变

　　学习经济学的人基本都有一个好习惯：思考问题喜欢想透彻，包括问题的指向和所涉及的名词的定义。在序章里，我们已经明确了问题的指向，就是如何用经济学思维来改变我们的职场理念，并在管理科学的 2.0 时代达成自己经济的职场目标。那么，接下来，我们先说说"职场"是什么。

　　职场的演变大约是这样一个过程。

　　在农业社会，简单生产是可以由个人来完成的。张三种地，开荒耕作种粮食；李四也种地，青菜南瓜胡萝卜；赵老汉养鸡养猪；王二狗种桑麻，棉花顺手制成土布。这几个人还不能住得太分散，得找时间往一块儿凑，商议着把东西一交换，所有人就都满足了吃穿。在往后漫长的历史中，逐渐出现了为了交换而进行生产的有组织有一定规模的群体——早期的形式是商铺和作坊，并由此向商品经济社会演变。

　　基于商品经济的效率和社会化分工的进程，简单的个人生

产方式及小规模的单一生产方式都逐渐被淘汰。因为个人或单一
生产的东西只能满足温饱和较低质量的生活需求。要想多产出,
张三就要接受专业的置种、防病虫、施肥、收割、碾米等服务;
赵老汉就要接受配种、提供饲料、兽医诊治、屠宰等服务,而他
们都只负责整个生产链条中的一环。当然,提高产能的同时要为
接受的各种服务支付费用,只要最后统算下来比以前收入多就行。
那些支付出去的费用,就叫成本;而比以前多出来的那些收入,
就是利润。这种与生俱来的追求,以及对不同人群、不同组织的
行为和结果进行的观察、分析和思考,就是经济学诞生的基础。

整个经济学,就是在有了社会分工、商品经济概念以后才
形成的。收入、成本、利润是最早、最基本的经济学概念,分工
和效率则是经济学永恒的话题。

在早期的农业社会是没有职场的。自给自足和简单交换是
社会主要的生产和运营方式,唯一的职场可能就是官场。皇帝是
老板,分工不同的文武百官如同各职能部门负责人,地方官就像
区域或事业部负责人。整个体系有规章法度、运作流程、激励奖
惩,而各地方、各部门也沿用了这一套体系。

随着农业社会的发展,后来出现了商号、作坊、镖局等组
织——不仅是一项产品或服务需要通过分工来实现,分工后的每
个环节也组织化了,需要由一群人来进一步分工配合完成。比如,
商号要有掌柜、伙计、账房;作坊要有工头、老把式、维修工、
工人;镖局的队伍则要有镖头、趟子手和小工。这时候经济学意

义上的职场开始出现，但这还不算真正的职场。因为很多农业社会的经济组织都是由族人、学徒、家奴、家仆这样的强依附关系构成的，老板和员工的角色属性和相互关系与真正职场中的并不能等同。

进入工业社会以后，社会分工高度细化，专业分工程度和利益分配方式就更加复杂了，每一个环节都会由无数的企业或单位来承担，各方都在想尽办法用更少的成本、更高的效率去取得更多的利润。

然后，有些比较有钱、比较聪明、比较有想法也比较有勇气的人就会站出来，挑头承担某个环节或某几个环节的生产工作。在所有这些品质当中，勇气是最重要的。聪明使他们意识到分工才能带来效率，效率能带来利润，规模化能带来更多、更稳定的利润。那么问题来了，分工和规模化都需要雇人、添置生产设备、购买更多原材料，而这些投入都是有风险的。一旦生产出来的商品卖不出去，或者卖不出好价钱，就会亏损。只有勇气才能使一拨人主动挑战风险，于是他们就成了企业主或老板；而不具备主动挑战风险、赢取高额收益的勇气的人，则成了打工者。

企业组织的形成还有另外一种解释，即为了避免个人承担过高的交易费用。其实个人也可以完成交易，但是寻找客户、谈判、建立相互的了解和信任，以及与交易相关的其他事务需要大量的花费，这部分花费在经济学中被称为"交易费用"。当交易费用过高进而严重影响到利润的时候，个人就开始寻求形成组织的方法，通过组织来统一处理交易事务、分摊交易费用，而个人只要专心做自己的本职工作就好。

无论是因为发现了利益点和具备勇气而主动成为老板，还是因为交易费用过高而形成组织，相应地出现了老板，一旦组织形成，就会出现老板与员工的身份分野。有目标、有投入、有管理和分配能力的"老板"，把有力气、有技术但是抵触风险的"员工"组织在一起进行有效率的经济活动，与其他组织竞争，这就是职场。

职场就是一个不需要你承担整体的大的风险，用体力、脑力、技术、才具就可以换取约定回报的地方。

在一些大中型的经济组织中，会出现一些相对独立的单位，例如分公司和事业部，其负责人承担相对的整体责任，但不是全部；也有一些经济组织，所有者众多，或者所有者已经退出管理和决策，由职业经理人进行管理，也就是现代企业制度中所说的"代理机制"，这些也都是职场。

职场的基本组成需要两种人：无论是老板还是代理负责人，都是"扛事的人"，即便他们不直接参与规程制定和管理实施，仍对组织的所有人和事拥有最高的决策权，同时他们承担着最大风险，获取的收益也最大；另一种就是"做事的人"，其根据规程各司其职，通过最佳的表现获得收益、争取更高的职级。当然，风险小，收益也小。随着企业层级的增多，小部门和小单位相继产生，也就产生了相对的小团队、"小职场"。在小职场中也有相对的两种人——做事的和扛事的。

梳理清楚职场的起源和本质之后，有两句话需要每个职场人在进入职场之前就要听得懂和记得住——

第一句话：职场是为了组织者的目标或者说整体利益最大化而存在的，不是为了你的利益最大化，更不是因为你而存在的。

给到组织中个体的利益小一些，组织的收益就会高一些；但是给到个体的利益过小又会影响到组织产出，同时在与其他组织竞争人才时会显得竞争力不足。所以，组织为了吸引到所需要的人才，有时会给出较高的收益安排。但是无论是怎样的分配机制，都是一个权衡的过程；而权衡的标准始终是整体利益的最大化。如果脱离了整体利益来看自己的收益，立身的基点就跑偏了。这一点，作为职场中的个体，需要时刻铭记。

有的企业高层，会为了自己的潜在利益，或仅仅为了提高自己个人的行业地位和话语权，执意推进一项并不见效益的大项目或者并购案，这就是代理人机制存在的弊端。还有的企业员工，会为了自己或者本部门的利益，而抵制企业做出的战略调整。从短期看或许维护了自己的利益，但从长远看，职场的发展之路正在被自己阻断，长期的利益是得不到最大化的。

所有的个人收益，都要在整体利益最大化的前提下去争取，这才是职场人长期利益的保障。

第二句话：责、权、利三位一体，是职场行为的基准线。

真正意义上的老板，承担所有责任、拥有最高权力、获得最大收益，这毫无争议。但是大多数的职场上，不同事项的负责人并不全是真正意义上的老板，所以"责、权、利"必须明确，而且相互之间要匹配、符合逻辑；而小职场中的负责人有着双重身份，同样需要对其两个身份的"责、权、利"做清晰的注解；即便是最基层的员工，合同和岗位职责说明书也明确了你需要做什么、可以做什么，为此你有哪些权限，而做到不同的程度又分别对应怎样不同的收益。

作为 CEO，如果对中层干部没有足够的任免权，日常的财务权限也有限，那么团队管理就很难落实，战略落地和目标达成的责任就无法承担；作为销售副总，如果对销售费用的支配和奖惩激励没有一定的权限，对市场推广、生产供应没有一定的知情权和参议权，那么实现多少销售业绩指标就可能是空谈……很多中高层管理人员对职业的不满和困惑，很大程度上都源于此。至于基层员工和初级管理者，如果手头的岗位说明非常模糊，也时常会感到无所适从。

很多年前，我曾参观过一家世界著名的跨国公司，其行政负责人向我展示了他们企业的员工手册。这个像电话黄页一样的手册中清晰地标注了各种问题的处理方法，以及不同层级的问题可以处理到什么程度、什么情况下你应该找谁，相应的考核奖惩也标注得一目了然。从行政前台到技术、销售，从基层到地区负责人，人手一本。该负责人非常自豪地对我说："就算哪天这家企业消失了，我只要凭这一整套的员工手册，也能一夜之间让它重建。"

这是管理科学 1.0 时代的典范。但在当今时代，这样僵化的机制或许会让这家企业无法面对变化的市场。而我们需要在承袭其精华的基础上进行升级，除了明确条文以外，还要有针对创新和突发情况的方向性的行动指引，以及更多授权空间和容错机制。

无论采用何种方式来改进，对职场中的人来说，"责、权、利"一致才能构建评价其职场价值的客观基准线。管理学中有个"责、权、利三角"的概念，这不是一个平面的三角形，而是由三根撑起"职位"这个点的支架构成的稳固的立体结构。

职场经济学中的"成本"

前面说过，传统经济学都有一个基于人性的假设——假设所有人都具有唯一目的性、理性地追求自身利益最大化。该假设也是经济学的基础。如果人性中没这点追求的本能，那么整个经济学的大厦也将立刻崩塌。

而一个经济组织实现这个本能追求的方式，用一个基本公式可以概括：

$$收入 - 成本 = 利润$$

收入，就是通过出售生产出来的商品或服务所能获得的全部利益。基于本能追求，收入当然是越多越好。收入 = 单位价格 × 出售数量。所以让自己的商品或服务比别人的更好一些，价格就能更高一些；也可以考虑降点价，卖得更多，总收入和总利润能够更高就行……这些都是最朴素的经济学逻辑。

成本，包括了用于生产的原材料、生产所必需的设备（需要合理分摊，也就是折旧的概念）、劳动者的薪酬（劳动者也就是那些做事的人，和生产直接相关的就计入生产成本，和生产不直接相关的人，比如财务、人事、行政计入管理费用），还有一些为了节约成本，为了卖得更多更快等目的而花的费用（比如通过调研选择最佳供应商、做广告、支付佣金等）。

显然，企业组织要想实现利润最大化，增加收入、降低成本是最基本的两条途径。

于是，悲伤的事情就来了：职场人也就是劳动者的薪酬是企业成本中很大的一块，所以老板一定会想尽办法少给钱。"剥削劳动者的剩余价值"，这一点大家在高中学习马克思主义政治经济学时就都知道了。其基本思想就是基于所有收益中资本投入和劳动者投入的分配比例。显然马克思认为，在当时的分配中，劳动者的价值是被严重低估的。即便是在现在，从职场人的角度出发，职场也常常被认为是和老板斗智斗勇、维护权益的地方。

这个结论放在 19 世纪直到 20 世纪上半叶，都还是比较符合社会现实的，即使在当代，对于一些简单重复劳动的行业而言也仍然适用。只要工作内容是机械的、程式化的，劳动者就非常容易被替换。无论是被其他人替换，还是被机器、人工智能替换，这些人都无法摆脱被动奉献剩余价值、换取较低的生活所需的命运。换言之，职场就是你我作为成本被消耗的地方。如同养牛的永远琢磨着怎样才能让牛少吃草料、多挤奶。从这个角度讲，职场人始终在争取的就是既得利益中自身的分配比例如何改善的问题。

但是在当代，更多职场的运行本质都在发生改变。改变源自三个环境的变化：

1. 科技生产力的进步改变了生产方式，人已经越来越少被作为简单初级的劳作者使用，其工具属性、固定岗位属性在不断弱化。 就如同德鲁克对泰罗科学管理思想指出的弊端，随着脑力劳动者越来越多，即便是体力劳动者也被要求和赋予了很多脑力劳动的要素，传统的劳动计价方式和管理方式都需要被重新定义。

2. 生产方式的改变带动了管理方式的改变，熟练和速度带来的效率不再是主要管理目标，资源的整合、协同配合、放大核心竞争力成为管理的追求，于是很多最基层的员工都被赋予

了**管理属性**。现在很多企业的客服都拥有权限决定是拒绝顾客的要求还是同意对顾客进行退货或赔偿;很多一线销售都有权限决定商品在 95 折到 98 折之间的折扣力度;即便是在工厂的流水线上,产品也经常变换着不同型号与规格,这必然会要求对现场的组织管理者授权。而所有这些授权都体现了职场人管理属性的变化。

3. **互联网使信息的传播速度、信息获取的便利程度、信息的丰富程度都呈现爆炸式的提升**。学习与交流的难度大幅降低,人人都有成为综合性人才和某方面专家的可能,劳动者的创造属性、个性化属性也在不断增强。在马克斯·韦伯的时代,阶层的跃升非常困难。以企业来说,一个普通工人极低的文化程度注定了他此生几乎没有任何机会做改变和提升。而在当代,从工人、前台、门房、保安成长到企业老板的不同层级并没有那么困难,学习途径遍布而且简单易获取。而员工团队的这种自发性成长,很大程度上形成了推动企业成长的核心动力。

因此,随着职场人的脑力劳动和管理属性在工作中所占比重的增加,以及其自身成长路径的易实现,已经很难用精准的成本概念来衡量企业对职场人的投入,以及职场人对企业的产出。以前,你可以精确地根据某个员工的产出告诉他,为什么他昨天拿了 11 美元,今天能拿 14 美元。而现在,我们给出薪酬时,大多要综合考量职位薪酬分布、内部层级,以及该岗位的工作目标,然后模糊地给出一个数字。而衡量这个数字是否合理,也要等到综合产出实现的时候。也正因为如此，同一个职位会出现不同的薪酬；同一家企业会有人快速加薪，有人被减薪或裁撤。企业为员工付出的成本无法事先或者即时进行评估，只能进行动态的调整。

因此不能再简单沿用传统经济学的"成本"观点来看待当代劳动者的职场地位。

做"资本"，不做"成本"

职场经济学所要说的第一个观念就是：**你是企业的资本，而不是成本。**

如果你还是老脑筋，把自己看成是企业的成本，那么你的价值就由两件事情所决定：你的老板愿意为你的工作内容支付多少钱，以及替换你来完成工作内容需要多少钱。由于空前激烈的市场竞争环境，任何老板对于你的支付意愿都是不断降低的；而可以用来替换你的，无论是机器、人工智能还是职场新人，其代价也一定是不断降低的。也就是说，作为成本的你，几乎不会有符合你美好预期的收入增长空间和个人发展前景。

那么，如果把自己看成企业的资本呢？成本与资本的本质区别在于：作为成本的你是为了完成工作任务和承担岗位职责而存在的，成本是消耗品；而资本是用于产生效益的资源，作为资本的你是为了创造价值而存在的。

　　有的销售员以达成业绩指标为唯一目标。有的销售员则会考虑拓展新的市场、降低销售成本、主动反馈客户意见。前者是成本，后者是资本。

　　有的财务以账务不出差错、钱账安全为唯一目标。有的财务会研究合理避税的方法、寻找新的理财方式让现金增值、联系新的资金渠道降低财务费用。前者是成本，后者是资本。

　　有的 HR 以完成招聘、办好用工退工手续和薪资管理、协助做好考评为工作目标，这样看起来已经有不少的工作内容了。但还有的 HR 会研究行业现状并参加各种会议、结识人脉以便降低猎头费用、提高招聘效率，会根据企业现状思考企业文化的建设，还会主动学习各种新的员工激励模式以提供给老板参考……前者是成本，后者是资本。

　　如果你把自己当成企业的资本，你就会像管理一家公司一样来管理自己的职场。为什么说你自己也是一家公司？因为你对工作是有投入的。你的基本工作时间，以及各种为了学习和交流所付出的时间、精力和费用就是你的投入。有投入就要考虑产出、收益。在你的产出和收益中，有形的部分是你的薪酬、奖金；更重要的是无形的部分——你的综合能力、阅历和素养。这些会转化为你的个人资产、个人商誉，以及新的可投入的资本，从而给你的未来带来持续收益。

　　把自己当作企业来经营时，你在心里就要时刻盘算好个人的投入和产出。当你在工作中不断提升自己、创造增量价值的时候，客观上老板是直接获益的一方，但是你的获益更是实实在在的。月薪 1 万元不是你的身价，随时能找到月薪 1 万元的工作才是你的身价。"小职员"们的 1 万元月薪很难继续上涨，没准儿越拿越少，保不齐哪一天失业了连工作都不好找；而把自己当成资本来经营的你，贡献的价值或许已经超越了 1 万元月薪，聪明的老板会想办法激励你继续贡献。就算这个老板不上道，你也有跳槽去找其他老板拿远远超过 1 万元月薪的资本。

作为成本，一定会被摁在一条基准线的下面使劲儿压榨；而作为资本，在经济学上有"估值 = 净利润 ×PE 倍数"的计算公式，在职场经济学中，评估职场人的个人价值也将遵循这个公式：

$$估值 =（贡献 + 综合竞争力）× 发展系数$$

贡献，是指有形的工作业绩，通过指标和考评可以量化地得出结论，即是否达到或超过了老板的预期。作为销售，达成了业绩指标的多少比例；作为技术开发人员，达成了研发目标的什么进度；作为管理人员，是否达成了老板的期望和企业战略的预期……从这些中都可以得出量化的估值。

综合竞争力，是指你已经表现出的超越普通人的部分，你的不可替代性，你在沟通情商、管理技巧和学习能力上表现出来的与众不同的附加能力。

　　而发展系数，则更多会看你尚未在既有贡献中完全表现出来的潜力，例如你对新市场的敏感、你对新模式的财务管控技能，这些决定了你在未来是否有可能作出更大的贡献。单个职场人的管理成本会随着时间而降低并趋于稳定，因为新进员工的发展伴随着试错、磨合从而需要更高的管理成本，所以如果员工能在企业长期效力并且不断发展，对企业来说是最经济的局面。因此企业管理者会对职场人的发展给予足够的重视，当然发展系数除了看潜力，还有对忠诚度的判断。

　　举例来讲，如果你当年的贡献估值超出了预期 10%，你还被认为具备着 20% 的超越其他人的附加能力，而你的发展系数绝对不会低于 10%。所以，（110%+20%）×110%=143%，相信我，下一步你升职加薪 40% 以上是大概率事件！而同样作出当年贡献 110% 的另一个人，如果全部是靠勤奋苦干，已经拼尽全力，甚至透支，在他身上不能看到任何超越他人的附加能力，也看不到发展前景，我认为加薪 10% 已经是非常良心的奖励了。如果我作为一个运用经济学思维到看起来有点"无良"的管理者，我可能只会给他加薪 5%，因为这个员工的发展系数可能会是负值，我觉得他很可能难以保持这样的产出。

　　我所见过的大多数职场人都遵循二八定律的分布，80% 是成本型员工，在不构成附加能力和发展潜力的情况下，大多数都很难获得加薪、升职，即便能提高一下收入待遇大概也就是过个一两年加个 5%、10%。即便你每两年都能加薪 10%，从毕业进入职场的 10 万元年薪，经过 10 年以后也不过就是 16 万多一点。何况现实中大概率还不一定能保持如此，而且也不一定每次都有 10% 的幅度，即便打拼 10 年以后达到了 16 万年薪，我猜也很少有人会凭借这个数字获得经济上的成功的感觉。

另外 20% 的人基本上都能在两三年里获得 50% 以上的估值增长，而这件事在企业运行中已经不能通过普通加薪来实现，所以多数会依靠管理层级上的晋升和技术职级上的提高，这就是职场上成功者的路径。

作为"资本"的投入和产出

职场经济学是帮助大家做职业认知、规划和判断的，"成本化"和"资本化"的不同思路决定了大相径庭的两条道路。

"成本化"的职场人根据收益的多少来决定投入多少成本，本质上对于自己能获取更高的收益没有什么想法和自信，也不是很信任企业和环境会给自己的投入以足够的回报。这样的职业发展思路一定会让人越走越低、拿多少钱就做多少事，但问题在于做了多少事也不一定就能一直拿多少钱，竞争很多，替代更多，在低层次上的付出所获得的回报基本上会越来越低，甚至失去，然后就会各种抱怨、各种觉得不公，最后仍不得不在一个更低的位置上苟活下去。因为他们认为自己是别人的成本，所以也就习惯性地在意自己的成本，以为少花点时间、少花点钱就是节约了自己的成本，殊不知一味地"节流"只会让路越来越窄。

而"资本化"的思路则让发展的路越走越宽，因为这样的职场人在考虑成本的同时，会更多地考虑"投入"和"产出"，不断提高自己的核心竞争力。就像企业一样，哪有企业是不在技术革新和增产增效上持续投入的？如果只盯着今年的利润，或者每年的利润都拿出来分掉，这家企业离关张倒闭还远吗？

什么是投入？

首要的投入是学习。在工作之中的学习投入其实不需要额外的付出，只要在做每一件事情的时候，多问一个"为什么"，多转换一下自己的角度。例如从领导、合作部门、下属的不同角度来考虑问题，训练自己的多向视角、宏观思维能力和对细节的把握能力，就能让你的专业技能通过工作中的学习日益精进。在工作以外，随时随地对获取到的信息进行思考、交流和总结是随机性的学习，这种学习通过养成经济学思维方式就可以不断进行；唯一需要付出额外的时间精力和金钱的，就是利用业余时间进行有针对性的系统学习，但是也只有系统学习才能切实提高某一方面的专业能力，这也是提高整体思维格局的最佳途径。

有个段子说，我们这辈子最有文化的时候就是高考前的那一天。很多知识因为不使用都在逐渐地被忘却，而之所以能掌握它们，就是因为中学是我们最后一段被强制性地规划好时间、安排好进度进行系统学习的时期，也正是因为这段时期，我们才有了系统地认知世界的基本能力。如果我们今天还要持续性地让自己像高考要求的那样掌握更多的思考方式、知识和能力，规划好时间和制订好计划是必需的。

1995 年，我是一名职场新人。名牌大学本科毕业，说起来应该是"学富五车"，不过有四辆"车"都是老掉牙的二手车，只有宏观和微观经济学那一辆可以常用常新。

那年我进了国企上市公司，在财务部，实习期要承担两项打杂工作。

第一项，是接待访客、陪同参观。作为新一轮改革开放的地方、浦东的桥头堡，全国各地大企业和地方政府都来参观保税区，这对公司来说并没什么效益，可也怠慢不得。所以都是新来的小朋友们陪同着，客气点、殷勤点、能稍做些介绍就好了。

我不。

中央政策、领导讲话，我学了；保税区法规条例，我学了；国际大企业的入驻名单及技术、产能，我学了；甚至每批客人来自哪里，那个地区或者那个行业有什么新闻，我也都提前一天看过了。

有一次，我和某个省会城市来客就他们当地经济聊得很欢，客人坚持要求我一起参加我们董事长的招待午餐。席间，这个正局级的领导向我们董事长毫不吝啬地夸了我一番，那应该是董事长第一次记住我这个新人。那时，我入职实习刚刚 4 个月。

第二项，是催收拖欠的委托贷款。很多都是一两年左右的呆账，按惯例，打打电话、发发传真、配合银行进行协商或者起诉就可以了。

我不。

银行贷款和贷后的操作流程，我学了；民事诉讼程序，我学了；我还去苏州、江阴等地实地看了相关企业的经营现状，之后一一登门……一年内，我清收欠贷1400万元，参与配合收款5000万元。转正后不久，我被任命为证券事务代表。

职场的路在继续，学习和充电也不停。

转正第一年，学习上市公司信息披露准则，学习证券发行和再融资规则；第二年，学习境内外会计准则差异；第三年，学习企业并购和分拆中的财务处理和法律规范；三年半后，出任上市公司证券部经理、公司监事；第五年到第六年，自费在华东政法学院（现华东政法大学）进修国际经济法硕士研究生；研究生还没毕业，就出任了上市公司董事会秘书，成为上市公司高管。

那年，我还没到30岁。

我在职场上的所有进步和成绩，与其说是干出来的，更不如说是学出来的。初时，学习是一种责任和必需；后来，学习是一种习惯；最后，学习成了一种本能。

之后的职场生涯里，当我在民营首富身边工作时，学习产业分析和投资并购，学习公共关系和怎样写媒体文章；在不算成功的创业经历中，学习互联网运营，学习客群分析，甚至学会了Photoshop的排版美工和钢笔线抠图；我还向喜马拉雅学习网络传播，向互联网金融学习大数据和用户标签。担任大学客座教授、参加各类论坛和会议就需要学习演讲和授课，担任产业基金合伙人就学习海外技术转移和产业孵化，很多人甚至不理解，我并不以"混圈子"为目的，为什么要花费不菲去中欧国际工商学院读EMBA……

学习，才是职场人的终极"大杀器"。 在学习上不惜投入所有，才能换来最大的产出，从 5000 元月薪的职场新人到几百万年薪的金领，光靠勤奋肯干怎么够？你真的以为只凭借踏实辛苦和很强的执行力就可以成为叱咤风云的高管吗？

其次的职场投入是交流，是构建人脉。现代社会中的信息空前丰富，更新迭代的变化也空前迅速，如果没有一个强大的"朋友圈"会很容易落伍。现代社会的另一个特征是越来越不容易出现单打独斗的英雄，完备的、高效的人脉可以让你轻松自如地应对各种事务。而这一切都需要你付出你的时间、交友的真心和给别人提供帮助来经营、换取。

还有一些投入，例如对本企业和本行业的持续关注、与老板和同事的感情培养，以及对自己的职业形象包装等，在我看来都不可或缺。

投入能带来哪些产出呢？工作中的学习能让你了解企业经营行为的前因后果、不同部门的职责分工，让你随时能从老板的视角看待问题，甚至有新的创见；系统的学习能让你补上专业知识的短板，提升整体思维格局；人脉经营的投入，能让你始终站在资讯的前沿，对最新的变化迅速作出判断，对不同的事务都能找到合理高效的处理途径；就连形象包装上的投入都能带来个人估值的变化，毕竟这个社会还是相当看重颜值和口碑的。

懂得让自己"资本化"、懂得投入和产出，能给自己的职场生涯带来怎样的变化？给大家举个例子。

我家楼下有家美容院，里面有十来个美发师，技术水平都差不多，除了本职工作，大家都是嘴甜甜地哄着客户买产品、买疗程、给卡充值，唯有阿龙与众不同。阿龙的特别首先就体现在他对待公司提供的培训的态度上，别人都觉得这是负担、影响了赚钱的时间，而他每次都认真参与，并且在培训后都为自己又学到新技能而感到欣喜。他每天会看完所有客户的朋友圈并点赞，还经常留言评论，他做这些时别人可能都在打游戏、追剧；他每次返乡都会给客户带小礼品，客户生日都会亲自手写贺卡，别人都只是在微信上发复制粘贴的祝贺文字；他看了很多母婴、教育、烹饪和理财方面的书，还在业余时间旁听讲座，这样在服务过程中他能和很多客户聊得起来，而别人会搭不上嘴，有时简直是尬聊；最惊人的是，其他人对于总公司开会都是能躲则躲，以免耽误开工赚钱，不得不去也是抓紧时间打盹儿，而阿龙却会主动陪店长去开会，还认真记录……一年多后，总公司推行了新门店的合伙制度，阿龙早就知道这信息并且做了充分的准备，大领导那里又多少混了脸熟，还有一批铁杆客户打底，阿龙理所当然成了新店店长，相当于半个老板。所有一点一滴的投入厚积薄发，当机会到来时给了他最大的回报。

这么多年来我所带过的下属中，一半多的人都没有投入和产出的意识，剩下的有些人只对看得见、摸得着的眼前产出感兴趣，对于稍长远些的获益就不愿意投入，还有些人能够意识到这个问题却不知道怎么去做。真正懂得投入、把自己当成资本来经营的人十中无一，而只有他们在职场中取得了快速的发展和提升。其中小琴给我留下了最深的印象。

2012 年，小琴在互联网金融服务企业的产品部门担任助理，所谓助理，就是负责联络对接各部门、写邮件、写会议纪要、制作 PPT 等，相当于部门内勤，也可以说是大家的秘书，月薪5000 元。但从投入程度看，她从上岗第一天起就不像一个小助理。

她和各部门的联系从来不仅仅是简单联系而已，她会与相关的技术、市场、销售、风控等部门深入讨论所联系的内容，逐渐对其他部门的工作方式和内容也都有了一定的了解；因为实践经验的不足，她会创造和本部门甚至其他部门人员共进午餐的机会，大家天南海北聊起各种业务现象和行业八卦，她都在静静倾听、思考，从而补充自己的阅历；所有书写的邮件、会议纪要和制作的 PPT，她会争取机会当面听取分管副总的意见和建议，在理解其中的原委和道理后进行修改，没过多久就成为全公司管理层公认的文案能力最出色的业务人员。

过了一年多，她所在的部门经理提出离职，这时公司管理层惊讶地发现，产品部门最适合完成部门工作统筹和协调的人竟然只有小琴，只不过她的资历实在过浅，只能被提拔为主管，在新聘任的部门经理到岗前暂代部门组织职责。我对她的学习能力和成长速度刮目相看，果然，仅仅过了一年半她就被提拔为产品部副经理，又过了一年，她凭着对各部门工作的了解和对金融产品的熟悉而被任命为新设的机构合作部经理，随后在互联网金融如火如荼的热潮中她被新晋企业高薪挖角，担任了产品总监。不到5年，小琴完成了从月薪5000元到年薪50万元的华丽变身！

你可以说其中有互联网金融的风口因素，你也可以说是运气使然，但我见过太多和她起步差不多的助理文秘类岗位的女生，她们一直没有压力地过着，到了30出头才开始考虑转型为行政或是人力资源，基本没有主动学习业务、向专业管理方向奋进的，而所谓转型困难重重，很多人只有重新开始。小琴或许是个案，但绝不是偶然，凭借这样经营自我的态度和行为，在职场中成为佼佼者是必然的事。

投入时间和精力去学习业务、熟悉管理、建设资源，从而提升自己的核心竞争力，这是提高自己职场资本估值的不二法门。

再多说一个经济学的小贴士。有个概念叫"**心理账户**"，这是经济学家塞勒于1980年提出的行为经济学理论之一，而直到2017年他才获得了诺贝尔奖。心理账户的意思是说每个人都会把不同的收入和支出分配在心理上的不同账户里，于是同样是钱，却产生了不同的用法。例如，中奖100元时，人们很容易就会把这笔钱通过消费账户用掉，而中奖100万时，却会把绝大部分存进储蓄账户。职场人也有这样的心理账户，当你把薪酬看作是正常收入并且厌恶风险损失时，你会把出乎意料的奖金用来奖励或者改善自己——但这样的机会其实很少。你把生活开支列入日常消费账户，而将社交、开会列入特殊消费账户，你可能会通过短期收益实现来衡量是否值得。你还把系统学习的费用列入大额消费账户从而纠结犹豫……而我的建议是，当你获取正常收入的时候就应该立即建立一个"工作投资账户"，并且按比例划拨，这样你在支付社交和学习费用时会更爽快。

The Thinking

of

Economics

概念 2

"资本"估值——
你的职场价格与价值相匹配吗？

价值和价格的背离

上一章节说到了成本和资本的概念。而要讨论资本估值，就要从经济学的另外两个专有名词谈起，那就是：**价值、价格**。

传统政治经济学对价值的定义是：凝结在商品中的无差别的人类劳动或抽象的人类劳动。这个有点拗口，也过于学术，从更容易理解的角度，我倾向于说：**价值就是人对于某样事物的认定**。

这种认定和人的不同需求有关，比如同样一瓶水，居住在山泉边的村民、城市中的居民和沙漠中的徒步者对它的价值认定是完全不同的；价值认定也和人的不同认知能力和价值观有关，比如一瓶经过高科技处理、富含多种微量元素的水，在一个没有科学认知能力的人看来，其价值并不一定高，但在一个懂得其科学性和益处并且注重生活品质的人眼里，其价值不菲。传统政治经济学从商品的角度，以其附着的劳动量作为判断标准，用社会必要劳动时间、使用价值和交换价值等概念来界定，这个标准在当代已显得有失偏颇，因为大量商品已不是商品社会早期的供需关系所能衡量的，其个性化和科技附加值占据价值的比重越来越高，而且服务在社会供求中所占的经济比重已经超过了实物商品，即便是实物商品本身也涵盖了大量服务价值在内。因此，价值的评判标准中，劳动时间、使用价值、交换价值等因素仅仅立足于事物本身是不够的，其重要性远不如外部对事物的认定。

在职场经济学中，我们所说的是人的价值，而人不是单纯的商品。人在职场中的价值，基于企业环境对特定的人的需求、认知和价值观而存在。对于职场人的价值来说，其自身的学历、资历、贡献、业绩、核心竞争力等客观因素构成一定的比重，而且可以说是基础比重，但决定性的因素是各级主管对其情商、组织融入程度、未来发展潜力等方面的不同认定。

因此，同一个人在不同职场的价值是不一样的，同一个人在同一职场的价值也是不断变化的。

我们接着来说另一个概念：价格。

价值是个虚拟的概念，而价格就实实在在、看得见摸得着。传统政治经济学对价格的定义是商品交换时货币量的多少，**价格是价值的一种表现**。关于价格的理论有四种主要学说，有认为价格决定于生产商品代价的劳动价值学派，其中包括了马克思；有认为价格决定于商品效用的边际效用学派；有认为价格由供需双方的均衡点决定的供求均衡学派；还有认为价格由投入产出和劳资分配关系决定的斯拉法学派。就价格的产生方式而言，哪种学派都有道理，而存在不同学派意见的事实本身也说明了经济社会中价格的决定标准不是唯一的。

职场经济学所说的价格，就是职场基于对人的价值的认定而给出的报酬，报酬包括确定可计量的部分，也就是薪酬，也包括了不可计量的部分，例如社会地位、潜在福利、心理愉悦、学习机会等。同样薪酬的情况下，学者更愿意担任北大的教授而不是地方学院的教授，因为更高的社会声望是一种不可计量的报酬，而受邀参加各种有经济收益的活动、出版作品和出售音频课程的潜在福利机会也更多；有人宁愿领取较低的薪酬，继续在一个人际关系好的环境里工作，或者在一个能获取更多授权去尝试新工作从而提高自己能力的环境里工作，又或者选择一个能给予自己大量培训和外部学习机会的环境去工作，这些就是心理愉悦和学习机会所折算的回报。尽管那些回报不可直接计量，但是当你面对比较或者面临选择判断的时候，你的内心中还是很容易可以给出一个数值的。

传统政治经济学认为，价值和价格始终是背离的，对价值有多种评判标准，不能精确测量。而对价格也有多种影响因素，每一种因素又会因时因地而不断变化，所以传统政治经济学就致力于研究价值与价格的变动关系，试图找出不同状况下每一种变量的影响大小和影响机制，从而寻找出符合最佳的生产方式和管理决策的、能实现利益最大化的价格。

职场经济学也认为，对于职场人来说，其价值和价格同样是背离的，但是形成背离的机制和商品的经济学有所不同。

第一种造成背离的机制是时间差异。

职场人的价值认定往往要等到进入职场一定时间以后，有时甚至需要两三年才被发现；但是其价格却是在进入职场之时已被基本确定的。所以经常会发现高薪请来的人"货不对板"，也经常会有在工作中逐渐体现出价值的人因为薪酬基数偏低，受制于体系制度和平衡而迟迟不能达到合理的标准。前者，不仅造成经济损失，而且给组织运转带来损失；而后者，在人才流失的同时，还可能在组织内形成负能量。

我曾经聘任过两名产品经理，从简历上的资历描述来看，两个人都差不多，鉴于当时该类岗位的普遍薪酬标准，HR 都选择了中位数上浮 10% 左右的标准。但是在半年不到的时间里就看出了差别，其中一个人在沟通能力和情绪管理上有着极大的缺陷，所产出的价值完全不符合预期，而另一个人的成长速度太快，出于对团队其他成员嫉妒心理的忌惮，我很难给予他足够的职位和薪资匹配。这两个人后来都离开了，而我也一直在反思，企业应该有一个机制来解决这个问题，还是只能通过提高面试者能力、加强面试工具使用的方法来解决这个问题？

第二种引发背离的是认定者的能力问题。

前面说过，价值来源于人的主观认定，不同能力的认定者会给出截然不同的结论，从而给出的价格也天差地别。最简单的例子是，永远有一些只懂得拍马屁、欺上瞒下的人会得逞，得到远高于其价值的定价，而根源其实在于认定者的能力不足。而优秀的组织管理者往往需要对组织内每一个人给出基本合理的认定，让其价值与价格的背离控制在可接受的范围内，并且能始终保持向着更合理的方向调整的能力。

还有一些其他的价格背离情况，也是认定者能力问题引起的。例如组织管理者受外部因素影响而改变了价值观或评判标准。在"执行力"这个话题被过度解读的时候，很多老板都对于令行禁止、立即行动的下属给出较高的评估，而对于一些思考型的、有较强自主性和组织能力的下属，管理者反而觉得其不符合价值观。

再比如人力资源部门负责人对岗位产生误判或制定了不恰当的薪酬激励体系。举例来说，我一直反对针对中高层管理者采用纯粹的 KPI 考核的方式，这会让企业管理陷入机械化的、短视的、片面的格局，应该结合采用有战略目标指引的 OKR（关键指标考核法）方式才更为合理。而纯粹的 KPI 机制对于真正优秀的管理干部的薪酬激励一定是存在巨大不合理性的。

那么职场中的你我，该如何来看待这种价值与价格的背离呢？

首先是要能客观看待自己的核心竞争力，既不能盲目自大地高估，也不能妄自菲薄地低估。在我的《像经营企业一样经营自己》一书中，关于合理的职业规划，我专门提到了"自我定位"的概念，从成长经历和当前所处的环境、自身所拥有的资源、结合理想愿景所确立的目标这三个方面可以对自己做出相对合理的价值评估。也就是说，对于自己当前的"禀赋"，自己要有一个相对客观、合理的范围估计。

例如你现在是一个中层财务经理，除了一般财务技能之外，你对于内部财务系统的构建有很深的认知和实践的经验，还有不少银行人脉资源。如果企业效益一般，或者企业压力比较小、工作相对安逸，你觉得自己能接受的底线是 36 万元年薪；而对照那些相对薪资标准比较高的，例如金融或者房地产企业，你觉得自己相比那些 50 万元年薪的财务经理也并不逊色。这就是你当前禀赋的自我估值区间，低了你不会接受，高出上限太多的话你也会担心是不是有些价值要求自己并不能提供。

其次是冷静地分析组织管理者给出的价格。

理想的情况是这个价格能落在自身价值评估范围中，最好略高，这样可以让自己在愉快工作的同时，又有继续上进的动力。例如对前面这位财务经理来说，一份 55 万元年薪又具有一定挑战性要求的工作，或许就是他最乐意看到的。

要是价格过低的话，就需要判断是短期因素还是长期因素造成，如果是组织管理者一时误判或者人力资源体系偏差等短期因素，那么是有方法和技巧去改变的，但如果是组织管理者认知能力低下、职场组织环境混乱、行业或者企业发生非你能力所能影响的下行趋势，那么就需要考虑职业的变动。例如一家薪资标准比较优渥的企业却只给了这位财务经理 40 万元的年薪，可能是因为不了解所以只愿意平移当前薪资，这个问题是可能在未来一两年内通过这位财务经理的表现而改变的；如果这家企业本身就对财务岗位没有高度认知和需求，那么这家企业有可能会因为这位财务经理而改变，也有可能完全不会改，这就需要进一步的分析了。

价格过高也不一定是幸运，可能是另一个方向上的价值与价格的背离。有时，很多人冲着高薪而跳槽，结果却因为无法胜任而败走，还有时候高薪是因为行业风口所带来的效应，当风口过去便会遇到寒冬。

所以，无论是短期因素还是长期因素造成的偏差，早晚都会有纠偏的一天，请记得前面说过的："职场是为了组织者的目标，或者说整体的利益最大化而存在的，不是为了你的利益最大化，更不是因为你而存在！"

那么如何对自己的职场价格进行价格分析呢？我会推荐三种方法。

价格评估的三种方法

在经济学中，如何定价这件事几乎涉及经济学所有的领域，成本、市场、供需、竞争博弈、差别化策略、统计和回归分析，甚至人类心理和社会状况……最终也很难衡量出一个最佳的定价，只能在不同的参数中相对地寻找较优的结果。

而在职场上，定价的一方也几乎受到所有参数的影响，除了简单的计件工资制度以外基本没有定规，而即便是计件工资制，如何确定基本薪酬标准和奖励方法也是一件见仁见智的事情。在定价时，对这个岗位职责的需要是否紧迫、这个岗位在外部的聘用标准如何、公司内部是否有定价体系以及对这个岗位的定价能否符合体系框架，都是定价方要思考的问题，对忠诚度的重视、对容错的范围，甚至对颜值的喜好、前任的表现以及与整体薪资水平的匹配等因素都可能会影响定价。这也说明了职场人的价格无法和价值契合的多种理由。

但是职场人需要对自身价值和当前价格有个相对合理的评估结论。如果价格偏低，是否有机会寻求改善，如何改善；如果已经偏高，又该如何去努力适配，这些都需要经过评估，否则很可能面对危险而不自知，或者在低价区间流连过久。

我推荐三种评估的方法。

第一种是"**竞品分析法**"。

从本企业的组织管理者的角度，换位思考，对自己岗位的职责权限包括合理衍生出来的全部工作内容做出替换的假设，并以组织的利益作为标准来进行分析。分析逻辑参照如下计算方式：

期望薪酬 ＝ 岗位薪酬 × 环境指数 ＋ 替换成本 － 性能优化

岗位薪酬

就是本岗位在你所在地区的平均薪酬，这是一个主观值，但是需要做客观统计。举例说，作为一名市场策划人员，你需要了解差不多层次和职级的同行收入水平，在国企、外企和民营企业有什么不同，在创业型公司、成熟企业和大型集团有什么不同，居于甲方地位和乙方地位有什么不同……然后你需要得出一个相对客观的结论：例如在本地有 3 年左右经验的主管级市场策划人员平均岗位薪酬是 8 万元年薪。

环境指数

就是外部环境所带来的变数。它分为两个部分，一是本岗位的变动趋势，是越来越紧俏，还是价值在降低；二是行业、企业性质和企业发展阶段的区别，同样是市场策划，在垄断国企可能薪酬低、压力小，在民营企业就可能高薪、高压，在外企可能受到比较多的重视和获得较多发挥的机会，而在中小型民企可能只是个执行人员，要是在某个创业型企业没准还有股权激励。举例来说，拥有互联网传播与自媒体经验的市场策划正越来越受到追捧，如果你具备这方面能力就可以获得 1.2 的系数；而你所在的中型民营企业，收入待遇与大型集团及外企相比只能给你 0.75 的系数，那么你的整体环境指数就是 0.9。

替换成本

就是假设有一个能力水平和你完全一样的人来替代你的工作岗位时，企业所需要付出的额外代价。这考察的是你与企业内部各部门以及外部供应商之间的熟悉与默契，你对企业发展战略与业务流程的了解，你的领导对你的信任，你对领导工作风格的适应等。如果什么相对优势都不具备，甚至人憎鬼厌，那么你的替换成本将是零，甚至是负数；如果你表现优秀，世故练达，广受欢迎，替换者在很长时间以内都只能达到你现在工作水准的 8 成，那么替换成本就是：(1-80%)× 年薪，按照 8 万元年薪来算就是 1.6 万元。

性能优化

就是你的工作效能与领导的满意值之间的差异。领导的满意值往往以他能了解和接触到的外部最佳员工为标准。具体讲，你可以由着自己的想象去勾勒一下本岗位工作完成到优秀乃至卓越的状态，包括完成工作的时间效率、策划的质量、协同配合能力、创意和创新思维等，你可以逐一回顾和比对。简单粗略一些，你可以看自己的考评，大致来说综合考评分 90 分以上基本是领导认为满意的标准，假如说考评为良好（75 分），性能优化值就是：（1-75/90）× 年薪，按照 8 万元年薪来算就是 1.33 万元。

以上述举例来看，你的期望薪资应该是：8×0.9+1.6-1.33=7.47（万元），那么对照自己现在的实际情况，你可以有一个结论。而在这个公式的所有变量中，除了外部环境因素只能通过跳槽来改变，其他的都可以通过自身努力让其向着更有利的方向变化。当然，竞品分析法中的所有变量都是主观值，只有加强对行业信息的采集和保持理性的态度才能得出客观准确的结果。

第二种是"对标分析法"。

竞品分析法只适用于同等层次、职级和工作内容的岗位,对于快速成长和岗位变动并不适用,而对标分析法更适用于发展和改变。先选择一个符合你中长期发展目标的对象作为对标,通过比对来反推目前的薪酬是否合理。对标可以是本企业比你高一个层次或职级的参照对象,也可以是外部企业比你高出一档的未来潜在竞争对象,对标差异越小,分析越准确,差异越大,分析越模糊。切记,不要选择那些有特殊背景的人作为参照对象,比如老板的亲戚、同学,早年"打天下"现在"养老"的老员工等,否则结论会失真。

我们同样举例来说,你是一家中型民营企业的行政主管,你选择的对标是一家大型集团的行政部经理,那是你未来 3 到 5 年的发展方向。那么你现在的薪酬是否合理呢?

期望薪酬 = 目标岗位薪酬 + 附加价值 − 比较劣势

目标岗位薪酬

就是……

以你的了解,那家大型集团的行政部经理的年薪是 30 万元。

附加价值

就是你能胜出对标对象的部分。如果你觉得自己样样不如人家，那就心平气和地打个零分，同时，要么调整你的发展目标，要么大幅度地给你的发展计划加磅加码，两者必居其一。颜值算不算？当然可以，这是有统计数据依据的，好看一些的人薪资会比平均水平高出 3%~10%，谦虚一点取 3% 吧。有人力资源管理背景算不算？因为公司不大，所以你这行政主管曾经兼过 HR 的工作，这一点在一些把企业文化、宣传等职能都归在行政部门的企业绝对是一个加分项，加 5% 不为过。另外你了解到，集团有大量会议、论坛、盛典的组织工作，而你在这方面有丰富的经验，还有很多酒店、布展、摄影等方面的资源，妥妥可以加 6%。这样，你找到了自己相当于（1+3%）×（1+5%）×（1+6%）-100% ≈ 14.64% 的附加价值。

比较劣势

就是对方强过你的部分。大集团的部门经理都会要求求职者具备 10 年工作经验以及硕士学位，否则只能到主管级，而你是本科学历加 7 年工作经验，所以未来 3 年提升目标达成以前，你只能接受对方职级体系中相当于部门经理平均 50% 标准的主管薪酬区间，比较劣势为 50%，这既体现了你与目标在整体知识结构和能力上的差异，也是你去完成硕士学历究竟有多少价值的参考依据；对方是大集团，薪资优渥又稳定，还涉足朝阳行业，前面提到的环境指数差异,比较劣势为 10%;对方有部门管理经验,有与集团高层对话的经验,这些你或许具备相应能力,但是缺乏实际操作,比较劣势为 10%。所以,综合比较劣势:1-(1-50%)×(1-10%)×(1-10%)=59.5%

所以,通过对标你可以得出你的期望薪酬参考值:30+30×14.64%-30×59.5%=16.54(万元)。

而一般情况下,你作为中型企业的行政主管,薪酬多半会比这个数字低,但无论是本企业的行政经理,还是大集团的高级主管,都有可能达到或超过这个水平,这就是你近期可能实现的目标;而一旦你在未来 3 年内能找到发挥自己优势的机会或者平台,同时补上自己的短板,从而接近或达到对标的水平,你就可能在大集团层面上实现自己预设的较高的目标。

第三种是"**期望估值法**",适用于在本企业通过提高职等或升职实现加薪的情况。你对于自己眼下的薪资应该抱以怎样的期望?可以用以下这个公式来计算:

期望薪酬 = 现有薪酬 + 资本估值潜力 - 成长成本

现有薪资

就是你眼下的实际薪资水平。

资本估值潜力

这个分析方法很容易理解，和对标分析法中寻找自身优势和短板有类似的地方，优势减去短板就是资本估值潜力中的主要组成部分。但是资本估值潜力不仅仅包括你尚未充分发挥的优势和你存在的短板，所谓潜力，更多的是你通过学习和历练而在未来能提升的空间以及提升的速度。你是否能快速抓住工作中的要点，是否能快速理解组织的战略，是否能快速获取新的工作所需要的知识、技能和外部信息，是否能快速适应新的工作流程、工作环境，这些都是评判潜力的重要依据。评估潜力的数值是呈现几何级数的，普通潜力对应数值是 5%，有一定潜力对应 10%，很有潜力可以对应 30%，而具有超过常人的潜力可以对应 50%、80%，甚至 100%。

举例来讲，你现在是一名年薪 15 万元的主管，而你对标年薪 30 万元的部门经理进行比对和自我评估以后，你认为自己应该可以在 3 年内就达到他的水平，3 年翻番，所以你的估值潜力可以达到每年 40%。

成长成本

这个概念是我的原创。有一次某老板和员工座谈，请员工提意见。有员工问到关于加班工资的事情，老板半开玩笑地说道："加班提升的是你的工作能力，而公司却配了其他人力，管饭、管咖啡，还要多付水电费，这又怎么算？"当时几位技术人员就怒了,说老板怎么这么无良。我当时虽然觉得老板这么说不妥,但是"成长成本"这个概念却浮现在脑海里。如果一个员工被不断赋予更多、更新、更艰巨、更重要的工作责任,而且总是比他现有的能力要求略高,从员工的角度来说是在快速地成长,而站在组织立场来看的确付出了成本,包括:因为员工经验不足而影响效率或带来差错的成本,资深员工进行帮带和解说的时间成本,内部外部资源需要重新整合或可能被损害的潜在风险成本,其中还真的有可能包括了增加时间或工作回合所带来的水电费和交通费。

如果你正在不断被要求完成超越主管能力的工作内容,例如有些该由部门经理负责的工作,现在交由你来完成,有人觉得吃亏,而我认为是赚到,理由就是企业在为你支付成长成本。怎么来核算?最简单的方法就是考察两个层级的薪酬差额,一个年薪 15 万元的资深主管被不断赋予更高的职责,从而让他能达到年薪 30 万元的部门经理的工作能力水平,他的成长成本的基数就是年薪的差额,也就是 15 万元,在公司的预测中,一般主管成长到部门经理需要用 5 年的时间,所以公司给出的成长成本是每年 3 万元。

所以,一位具备 40% 估值增长潜力的年薪 15 万元的主管,成长成本为每年 3 万元,他可以给出自己的期望年薪是 $15 \times (1+40\%) - 3 = 18$(万元),这就是你可以期望自己年底或明年能得到的薪资。超出的部分源自你的成长超出了企业对一般人员发展的估算，从而估值增长潜力覆盖了企业给出的成长成本。

反之，估值潜力不够高，例如只有 10%，对应成长成本相对就高了，如果这个人被寄予厚望往部门经理层级发展，15 万元的潜力还不足以抵消企业给出的 3 万元成长成本，说明他不能胜任，企业将承担用人错误的损失。那么企业很可能就会调整，只对他提出略高于现在的工作要求，而对应的成长成本可能也就是每年 10% 左右，也就是说，这个人的现有薪酬和每年 10% 的发展目标就差不多应该是一个合理的期望。

以上三种薪酬评估方法，提供的都是思考问题的逻辑，具体数值的选取因人而异，计算的结果也仅供参考。但是当你采用了这样的思考方式，你会关注到很多影响价格与价值背离的内外部因素，从而找到让自己被赋予的价格与自己合理评估的价值相趋近的途径。

"内部合伙人"机制的试验

前文说到，职场人要让自己资本化，而不是成本化，也说到了价格与价值始终背离的原理，那么就有一些组织管理者在想，既然我始终不能给出合理的价格，要不就是员工觉得不爽，要不就是组织吃了亏，那我干脆不定价格了。我让员工充分资本化，固定薪资只占员工薪酬中的很小部分，大部分的薪酬通过约定的以实际股份或虚拟股权的方式分享组织利益来实现。

这就是前两年企业管理界大热的"**内部合伙人**"机制，**它是管理科学 1.0 时代的"考核激励"、"差别激励"和"股权激励"等模型的延伸和发展。**

"内部合伙人"机制改变的是原先员工薪酬相对固定，与企业承担风险或获取利润基本不相关的模式，通过不同的合伙形式使员工主要收益与企业的风险和利润绑定，从而激发员工最大的主动性，带动企业更快更好地发展。从合伙形式来说，分为股权合伙、股份合伙、期权激励和虚拟股权等形式；从合伙层级来说，分为企业层、子公司层、事业部层、地区分公司层和全员合伙等；从合伙目的来说，有稳定核心团队、有效激励、项目捆绑和推动内部创新创业等不同诉求。

被广为学习的几个经典案例有华为、万科和阿里巴巴。

先说说华为。华为将薪酬分为工资、奖金和分红三个部分。截至 2018 年 12 月 31 日，华为员工持股计划参与人数达 96768 人，华为创始人任正非作为自然人股东和员工持股计划的一分子总计出资持股降至 1.14%。多年以来，伴随着企业的高速发展，释放出的股份价值也在不断高企，每年分红可观。所有华为员工都知道"3 年一小坎，5 年一大坎"的说法，也就是说，前 3 年主要靠工资、3 年后主要靠奖金、5 年后主要靠分红，员工的稳定性和积极性因此都被充分地调动。需要说明的是，释放的是股份而不是股权，分享的是红利，而掌控权依然高度集中。

我曾问过华为大学的前校长，如今市场竞争态势和当年大不相同，而华为也从高速成长者成为市场的前列巨头，那么怎样才能让企业盈利增长跟上员工数量和经济激励增加的速度呢？

他说，唯有发掘新市场才能做到，而且必须是万亿级的市场，例如全球的手机市场、智慧城市市场。市场级别不够的话，华为都不一定会去竞争。

我又问，再以后呢？

他想了想回答道，任总也说过的，所有的企业都会死的，我们能做的就是延缓。这其中的深刻意蕴和时刻保持的危机意识，或许就是华为走到今天的根本原因。很多企业都学华为，但是真能学到的还真是凤毛麟角，思想、精神境界上的差距和分享意识的根本差异是硬伤。

再说万科。万科的事业合伙人跟投制度在房地产行业影响深远，甚至在很多其他行业都被借鉴和沿用。项目或地区负责人必须强制跟投，而且真金白银，从决定拿地的时候开始其收益就和项目牢牢绑定，直到全部完成销售方可兑现，而其中相当部分又会继续投入下一个项目中。因此，从决策、谈地价，到施工建设、市场推广和销售，项目负责人时时刻刻都以老板的身份来要求着自己，从而形成了万科遍地开花的坚强战斗力。

最后来说阿里。阿里的合伙人制度主要在高层治理方面，其合伙人的产生、议事规则、投票规则和退出机制都相当精细而巧妙，既能推动企业管理层面发挥最大动力，又能保证企业股权层面的最大掌控。港交所当年正是因为这个制度而没有接受阿里的上市申请，而马云宁可放弃上市也不改变，然后阿里才赴美上市，并一度成为中国市值第一的企业。2018 年港交所又修改了相关的上市规则，接受了同样"同股不同权"的小米的 IPO 申请。这一波三折、风云变幻的故事，相当于给阿里的合伙人制度做了一个大广告，使之成为所有创始人、创业者以及企业管理研究者的必修功课。

2016 年，企业内部合伙人制度突然大热，似乎这是提高企业管理效率的一剂通行良药，一时间到处都在研究和讨论，我参加过的相关论坛讨论和企业如何设立内部合伙人制度的咨询就不下十余次。还有很多企业看过了华为、万科和阿里的案例，听完了一些讲座和论坛之后，直接就请了法律顾问开始了操作。

但我在当时就认为，企业管理没有万金油式的药方，追逐热点、简单地照搬照抄，不可能取得好的效果。事实证明果不其然，这两年热度逐渐退去，不少企业内部合伙人制度偃旗息鼓，也有的非但没有达到应有的效果，反而给企业管理带来了不少困扰和损害。经过观察和调研，我认为内部合伙人制度本身并没有问题，但是企业在采用和推行的过程中必须要做到**"两个准备"**、**"三种平衡"**。

第一个准备，**是想明白企业的目的，然后选择合适的层级和形式**。不同企业在各自不同的发展阶段，核心诉求是不一样的。有的企业是为了稳定核心团队，那层级就应该是中高层管理团队和核心骨干，采用股份、股权、期权激励都好，而虚拟股权相对达不到想要的稳定性；有的企业是为了快速扩张而有效激励，那么就不必牵扯股权，更多考虑激励的刺激力量和可实现性就好；有的企业是为了项目捆绑和加强内部创新，那么无论采取何种形式，合伙分配计算方式都应该简单清晰、范围界定明确，而且不应和企业整体效益有过多连带关系。目的不清，照搬照抄，一定会一片混乱。目的清楚了，才能找到合适的方法，否则不仅达不成想要的效果，还会平添无谓的困扰。

第二个准备是**立心、立言、立信**。所谓立心，是企业管理者要真心拥有共享的理念、格局和胸怀，斤斤计较的小老板心态，会把内部合伙人制度当成一件外衣，而内里是压缩成本。有家房产中介企业，强行把代理人员工变成合伙人，被大家指责为变相裁员和逃薪，非但没有达到效果，反而对企业声誉造成了重大损害。所谓立言，是企业管理者要充分宣导，将推行内部合伙人制度的理念、目的以及可能给员工带来的利益和风险，进行充分的沟通和交流。只有制度完善并且执行良好的企业，同时建立了积极而稳定的企业文化，宣导工作才能顺利进行。所谓立信，是指企业管理者要在员工中建立信任基础。内部合伙人制度，投入与付出在前，分享在后，如果企业管理者不能被信任，整个制度将无法实现。有一位著名的企业家，在其下属的投资公司推行内部合伙人制度，所有投资经理都持有股份，但是项目实现收益时却从不分红，因为他是投资公司的绝对大股东，所以能一票决定。当投资经理离职要求兑现股份时，他又以种种财务方法进行红利克扣，尤其是没有退出的项目，有些明明已经获得了几倍、几十倍的估值增长，却采用当期收益乘以很低的 PE 倍数的方法来计算。失去信用的结果，是投资经理们再也不把合伙机制当回事，最后整个公司除了跟投以外，就没有再做过什么像样的项目。

做好这两种准备之后，内部合伙人制度在推行的时候仍需做好三种平衡：

第一种平衡是**整体和局部的平衡**。企业管理者最关心的一定是整体效益最大化，但是除了核心团队在企业层面的合伙激励以外，大多数内部合伙人制度激励的对象和方法都是以局部为主，尤其是事业部、分公司和项目捆绑。就局部而言，激励力度越大，效果一定越明显，但是对整体效益来说可能有损害。有的管理者会决定先局部激励起来再说，等业务做大以后再根据整体效益进行调整，而这恰恰犯了破坏信任的大忌。

第二种平衡是**长期和短期的平衡**。现代经济社会已不同于以往，很多新企业如雨后春笋般涌现，失败的概率同样很高，即使是在稳定的大中型企业，业务方向和管理模式也会经常调整。因此，对职场人来说，主动和被动的跳槽都是很普遍的事，已经很少有以企业为家，一干就是一辈子的想法。所以推行内部合伙人制度的管理者看重的是长远，而被激励的员工往往更注重短期的收益。因此除了做好立言立信的准备，让被激励对象能够接受和相信长远利益的分享外，还应在机制设置中合理体现眼前的回报。和单纯看重长期回报、给人感觉是在画饼的错误相比，过于强调短期利益、一心希望立竿见影的错误也占很大的比重，企业无形资源被透支，提前体现效益，而将风险后置或掩盖，这些是常见的不良后果。

第三种平衡是**公平和效率的平衡**。公平和效率永远是矛盾的，日常企业管理的方方面面都体现着对这一矛盾的权衡，与利益直接相关的内部合伙人制度更是容易将这一矛盾放大。一般来说，大范围推行的合伙激励更注重公平要素和制度合理，而针对一定层级以上的合伙制度会更以效率为目标；如果反过来，在大范围内来看，员工素质是参差不齐的，一味以效率为导向，会导致差距拉开较大，内部消耗和负面情绪蔓延，反而会得不偿失。

内部合伙人机制是自上而下的制度设计，所以本书这一小节也多是从组织管理者的角度来分析。对于职场人来说，内部合伙人机制虽然在不同的企业会有不同的做法，但是它的内在机理符合管理科学 2.0 时代的精神，这是能解决有效授权和激励的"责、权、利"三位一体问题的方法，也是企业得以快速响应、自生式发展的要领。随着企业信息化系统的不断完善，精细化的财务核算、流程再造和建立业务组合都不难实现，每个人在企业内的固定位置很可能会被打破，而是需要根据不同的业务、不同的职能游走于其中，与不同的工作团队或项目小组合作，分享不同的收益和回报。

如果你眼前还没有这样的情景，我建议你仔细体会这一小节的意义。合伙人体制的内在含义，正体现了企业将会更多地以资本化视角来对待职场人的趋势。作为职场人，你在理解合伙人机制的核心思想之后，一方面可以从领导层的角度去重新审视和度量他们对企业的管理态度，另一方面也可以从自身角度出发，印证自己在本企业碰到的内部合伙人机制不同表现形式的激励方式，看看企业是否做好了两项准备、三种平衡，如果存在缺失，你还可以提出合理化建议，这或许还会成为你个人发展的一个契机。

高估值的四个要素

无论是在薪酬职等体系中，还是在内部合伙人机制里，每个人都会面对价值被评估的问题。如果被低估的话，未来的发展不仅在起跑线上就输了一截，还可能破坏心态和理性的态度，从而导致工作时精神不振或者频繁、盲目地跳槽，影响职业规划的实现。那么职场人如何能获得高估值（至少是合理的估值），从而能通过较高的薪酬来体现附加值和潜力、覆盖成长成本呢？

我作为投资人见过无数的企业，既然我认为每个人都要把自己当成企业来经营，我想，将评估拟投资企业的要点用来评估每个职场人这一小小"企业"也是可行的。将企业投资领域的经验运用到职场经济学中，我总结出了四个要素，职场人可以重点关注。

核心竞争力

所谓职场核心竞争力，就是你在工作能力和资源上的特长和超越常人的优势，投资人在考察企业的时候，企业如果只有一般的竞争力就不会得到特别的估值，只有拥有核心竞争力才会有数倍、数十倍的估值。普通贸易企业的估值不高，而独家代理权就能获取高估值；普通生产制造企业的估值不高，而特许供应商和拥有技术专利的企业就能获取高估值。这就是核心竞争力的价值。对于企业来说，独有的特许权、代理权、专利权、技术研发能力、渠道优势、顶尖人才垄断优势等，都能构成核心竞争力。

那么你的核心竞争力是什么？首先你要把它找出来。

假设你是一名财务人员，如果你所掌握的技能跟其他财务人员一般无二，那么你根本就不具备高估值的资格。但比如你对财务报表数字特别敏感，能快速发现钩稽关系中不合理的地方，在审计和投资领域，这就是核心竞争力；比如你特别擅长架构数据模型、进行财务预测，在战略、计划和风投领域，这就是核心竞争力；比如你在银行和信托业有广泛的人脉，在融资领域，这就是核心竞争力；比如你对生产销售各个流程环节的财务表现特别精通，在本行业或本企业的财务管控领域，这就是核心竞争力。不管你在职场中的哪一个岗位，都要找到自己的核心竞争力，越多越好；如果没有，就需要结合自己的特质刻意地去学习、培养，否则就要有接受只有一般估值水平的觉悟。

当你拥有并清晰地发现了自己的核心竞争力，你还需要让它充分表现出来。葛优、黄渤如果不是充分展现了在喜剧方面的天赋，从而成为明星，就不一定有机会接拍到那些正片并成为影帝；上海广播电视台的阿彦是业余音乐爱好者出身，如果不是积累了对流行音乐广博的知识和鉴赏能力，以他的普通话和外表，根本不可能成为主持人；运动员丁松如果没有展示出他的怪异球路对某些国外大牌选手的克星效应，也很难成为世界冠军的一员。

核心竞争力是你的立身之本，是撬动高估值的支点，不展示出来就等于没有。

我曾经给自己的定位是一名以资本运作为核心竞争力的董事会秘书，并且已经具备了投资研判、法律框架、投资工具和方式设计等核心能力，那么我无须过多纠结于年报披露和会议组织等常规工作。在整体资产重组计划草案完成并向最高管理层提交的时候，所有人都看到这份草案的合规性、可操作性、财务可行性无可争议，甚至外部各方配合的细节都安排妥当，那一刻，我的展示已经足够了。所以，当你拥有了核心竞争力，既不要频繁地去展示那些平凡无奇的工作成果，也不要热衷于表现自己的勤恳与辛苦，而要用你的核心竞争力去解决那些未被解决的、看起来有难度的问题，并且选择合适的时机，用令人耳目一新的、难忘的方式让你的领导看到，这才是你获得高估值的起步。

未来潜力

未来潜力包括三个部分：对企业的忠诚、优秀的理解与学习能力、超强的适应性。

对企业的忠诚，表现在你要有与企业共同成长的愿景和高度的责任心。如果你的未来与企业无关，那你有再大的潜力也毫无意义。

优秀的理解能力表现在你懂得企业的战略意图和制度文化的意义，并且能够在工作中贯彻。优秀的学习能力表现在你能用较短的时间掌握企业所要求的新技能，还表现在你能不断从外部获取信息和思想，从而让自己的内在每过一段时间就有显著的提升，令领导不断刷新对你的认知。

超强的适应性，表现在企业外部环境变化和内部组织结构调整时，你能保持稳定的工作表现，调整和融入没有障碍。

如果拥有这三个部分的未来潜力，即使现在暂时没有形成核心竞争力，但一定是很快可以具备的，所以也能构成高估值的依据。这些形成未来潜力的素质来自人的基本素养，既有先天的因素，也有历史经历的造就，从任何一个时点开始都可以不断修炼。

曾经担任百度CEO的陆奇是一位我非常赞赏的职业经理人，他说过，对于一名发展中的职场人来说，学习和交流是最重要的能力。前者体现成长性，后者体现适应性，很大程度上决定了职场人最终能企及的高度。

赛道价值

近两年有两个热词，风口和赛道。风口出自雷军的一句名言："只要走对了趋势，站在风口上，猪都能飞起来。"随后，催生了红杉资本沈南鹏推出的一个投资理论：与其精心挑选赛马，不如干脆投赛道。尤其是在与互联网相结合的领域，一旦与市场趋势高度契合，成功模式的复制极其快速，不用多久就会进入赢者通吃的寡头垄断状态。因此，风险投资和早期投资可以获得数百倍以上的回报，只要押中一两家，收益就足以覆盖其他多家的损失。这是将赛道上十几、二十几匹赛马通通投一遍的理论基础。

职场人也有自己的赛道价值。当你身处风口上的行业，你的成长速度和价值提升速度都会明显快于旁人。比如前几年互联网金融如火如荼之际，不断涌入的企业以及超常规发展的速度，使行业里的每一个人都被裹挟着奔跑，被赋予超常的职能、承担超常的责任是司空见惯的现象，一个小主管通过短短三四年的历练成长为总监级高管的事例比比皆是，而停留在银行信托业的人则没有这样的发展机会。当然，随着市场态势和行业热点的变化，赛道价值也不断在转换，如果一个 IT 人员，过去 10 年沿着电商、社交、互联网金融到自媒体、大数据和智能领域的职业发展路径，那简直是一个将赛道价值发挥到极致的"大神"！

赛道价值除了来自行业趋势，还来自专业趋势。同样的专业在不同的时间段也有不同的技能需求热点，能敏锐地感受到专业热点并且快速地学习掌握，也能将专业领域的赛道价值最大化。以人力资源管理专业领域来说，早些年对《劳动法》的掌握和对劳动纠纷的处理能力是赛道价值，后来对不同激励方式和内部合伙人机制的了解是赛道价值，接着懂得合理避税的方式又成了新的赛道价值，每一阶段的赛道价值展现，都可能为你带来获得更高的职位和薪酬的机会。保持对本专业潮流的跟随，快速成为新兴问题的解决专家，你的赛道价值就会始终高企。

当然，需要提醒的是对风口和赛道另一面的心理准备。往往快速崛起的地方也伴随着风险和危机，很多热点都会转移，风口红利会消失，风口过去也有很多被摔死的猪。你要记住，风口带来的赛道价值更多体现在你的能力提升上，你的关注点应该是自己成为具备什么能力的人，而不是获得了怎样的职位和待遇。后者是暂时的，可能会变化，而前者才决定了你能在职场上站到哪里。

口碑反馈

在投资企业前都需要做尽职调查，除了企业内部的数据、调研、访谈以外，投资人还会对上游供应商、下游客户、竞争对手、会计师事务所和律所等第三方机构以及当地政府、主管机构、媒体等做力所能及的侧面了解。作为投资人，很多时候会更关注外部的口碑反馈，那些信息往往会更客观准确，有时还能印证比对、撕开拟投资企业精心做好的包装。

因为微信、微博等互联网生态的发展，社会越来越扁平，圈子也越来越小，我们每一个人的口碑都因此更为重要。你周围所接触的所有人中，非常大概率就有你现老板或未来老板非常熟悉、信任的人，你的种种表现可能都抵不过某人一句"这个人我接触过，非常不错"，而你的各种努力也可能因某人一句"我们打过牌，这人人品不行"就全被抹杀了，被封杀了的你懵然无知，连原因都不会知道！所以要随时随地与人为善，待人以诚。要说什么因缘福报可能有点玄乎，而且大多数的善行乐举都不会给你的估值直接带来影响，但是请相信，一旦产生影响就很可能是决定性的！你不经意间的言行举止，可能被传播到的地方远远超乎你的想象！

从内心出发，做一个专业的人、正直的人、善良的人，你的口碑反馈至少不会是负面的，而且经常会给你带来意想不到的惊喜。以我自己来说，历史上数次工作的变动和职位的升迁都不是我主动投的简历，有时推荐我的是我没有想到的朋友，还有一次任职是缘于和董事长在之前某个高校活动中不经意的简单交谈。机会都不是刻意求来的，而是从天长日久的口碑积累中产生的。

The Thinking

of

Economics

概念 3

供需曲线——
关注需求、创造需求才有未来

职场经济学中的供需曲线

供给和需求是传统经济学中最基本的概念之一。就某一个具体产品而言，供大于求，价格一定会不断下滑，供不应求，价格就会上升，这对每个人来说都是不言自明的事情。用理论工具说明的话，就是供需曲线图（见图1）。

这张图上的 P 是指价格，Q 是指数量。D 这根曲线是需求线，从左上到右下的走势表示价格越高需求就越少，价格低了需求就会增多；而 S 这根曲线是供给线，它的走势正好相反，价格越高越是乐于生产，供给就越大，

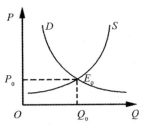

图1　供需曲线图

价格低了供给就会减少。两条线在某一个点上会达到平衡，也就是在 P_0 这个价位的时候，供给量正好匹配需求量，皆大欢喜。

要特别说明的是，这个原理在农业社会和早期工业社会适用性比较广，那时同一类的产品差别比较小，所有产品基本上都是必用品，也没有太多替换品的存在，而且市场自由度比较高，还没有太多垄断或者倾销这类行为。假设市场看待所有的牛奶都是一样的，不分产地，不分工艺，也不分全脂、脱脂，都是同一个价格体系标准，这个时候用供需曲线来匡算牛奶市场的均衡价格是有意义的。但是在现代社会，产品细分度越来越高，可替换性也极高，就连基础工业品都可能被替代，影响的变量太多，因

此对单一产品仅仅依靠供需曲线分析就很难得出需要的结论了。

有时甚至还有价格越贵，需求越旺的经济现象，你看房地产、奢侈品是不是这样子？越是贵的越是买不到，买方大批在抢，而卖方还限量供应，这完全颠覆了供需曲线理论。于是有很多经济学家提出了各种修正和反对的学说。

客观上讲，供需曲线理论作为一个基于人类经济性基础的基本原理还是有价值的，在现代社会中，如果在一定的范畴内使用也还是合理的。供需曲线分析的本质，是要从市场上永远存在的供需两方的不同角度出发，去思考最终形成价格和产量的机制。无论在现代社会里要考虑到多少附加因素和潜在变数，这个思路永远是有逻辑意义的。我们主要理解接受的是思路，而不是追求某种完美的解决方法。

单单一张静态的图，对于经济行为的指导意义并不大；而现实中供给线和需求线都是在不断变动的，搞清这些变动所带来的市场变化会更有意义。图 2 就显示了供给线和需求线分别变化的几种情况。

举例说，生产技术水平提高，生产成本下降，从而利润变大了，那么在同样的价格情况下就会有更多生产方受利润驱使而加入进来，于是供给会增加，供给线会向右侧移动。而如果需求不变的话，均衡价格就会下降，以便能刺激更多需求的产生，只要利润增长空间足够大，新的均衡价格就可以既让需求方得益，又让供给方多赚钱，这就是技术提高给整个市场带来的效益。相对应的，原材料价格上涨、工人工资提高，都会让供给曲线向左侧移动，均衡价格上升。

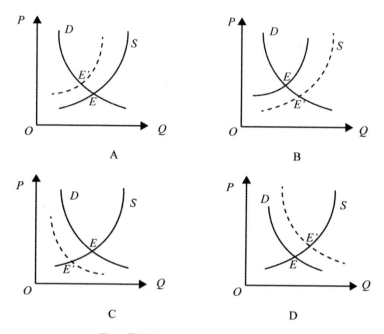

图 2 供给线和需求线分别变化的几种情况

对需求曲线来说，需求方的收入水平、偏好变化会引起需求曲线的移动，经济景气从而大范围加薪、人们普遍相信红酒有利于心血管健康会让红酒的需求曲线向右侧移动，而微波炉致癌的传闻则会让微波炉的需求曲线向左移动。

除了上述因素外，还有一些影响供给和需求曲线变化的因素，例如相关产品的价格，包括完全替代产品和部分替代产品的价格，家庭净水装置的普及和其价格的下降就会影响到饮水机和

桶装水的市场；再例如市场对价格变动的预期，有时候促销如果
被市场解读为持续的下降趋势，促销就有可能失效，因为消费者
在等着到将来价格更低的时候再买，曾经比茅台酒还贵的酒鬼酒
降价后再也没有回到当时的价位。影响因素其实举不胜举，这也
是经济学非常有趣的地方。

理解了传统经济学中供需曲线的原理，那么在职场经济学
中又该如何运用这个原理呢？

职场经济学中，所谓供给，就是可以胜任某一个岗位的人。
价格越高，可以胜任的人就越多。这个很容易理解，好比说如果
给某个普通财务经理岗位开出百万元年薪的话，一定会有财务总
监和会计师事务所高级经理蜂拥而至。而所谓需求，就是企业对
该岗位的价值设定。很显然如果岗位并不是可有可无的话，价格
在一定范围内并不会影响需求，不可能说财务经理薪资不高就多
聘几个，而价格超过一定标准就可能考虑少聘或者不聘，通过把
岗位职能分派掉或者干脆采用外包的方法就可以实现。初创业的
小公司如果觉得市场上的专职财务都要月薪 5000 元，那么就可
能多花几百元招聘一个具备最初级财会证书的综合职能的行政，
再外聘一个代理记账和报税的公司，一月费用也不过千把元，每
个月能省下好几千元，专职财务这个岗位需求就没有了。所以职
场上需求曲线不会像标准示意图那样平滑。

而那个均衡价格 P_0，就是所有企业的岗位需求都得到满足，
而能胜任这一岗位的人才也都能实现就业时的薪资标准。这当然

是一个理想状态，事实上，供需平衡并不能实现均衡价格，而是需要供略大于求。你听说过很多人找不到满意工作的情况，却很少听说企业有招不到人的情况，真的碰到人才紧缺时，企业也会通过调整岗位内容和招聘标准来解决。那么从供需曲线可以得出结论：真正的均衡价格应该会低于实际发生的成交价格。

那么，为什么实际发生的价格会略高？这中间有三块成本提高了价格。

第一块，是企业承担了"面试录用在前、准确评估在后"而带来的**风险成本**。买的总是不如卖的精，劳动者会接受 offer 一定是基本满意的，而企业是不是能满意就不好说了。

第二块，是企业承担了担心不能及时招聘到替补人选而影响整体运转所支付的**维稳成本**。如果有足够的时间在足够大的市场上去细细挑选，价格一定会更加合理，但大多数情况下企业都不会提前做好计划准备，也不会储存备用人选，当有人离职或者新项目启动在即、人员必须到位，那么为了维护整体运行不间断，就需要多支出成本。

第三块，是企业承担了为了长期发展而必须给每个岗位员工支付的**成长成本**。例如要招聘一名总监的时候，有的企业直接找总监级人才，更多企业是在部门经理级人才中进行选拔，职位晋升、薪资上涨更能有效激励。而这时候企业支付的可能是相当于初级总监的薪资，而这位部门经理级的入职者能否成长为总监还有不确定性，增长的薪资部分中隐含了企业付出的成长成本。

　　由于这样三个理由，**职场人的成交价格会高于理论上的均衡价格**。说清楚这件事的意义在于，每一个职场人都不要认为自己能获得的薪资天然就是合理的，在入职的时刻，这个薪资待遇有高企的成分。只有当你达成企业预期才能覆盖风险成本，长期服务才能覆盖维稳成本，快速提升才能覆盖成长成本，如果不能做到的话，那这个价格其实并不理所当然。

　　尤其是在当今互联网社会和大数据时代，海量人才在线，口碑传播迅速，各种历史数据都可能便捷获取，因此风险成本和维稳成本都在下降，所以现实发生的价格在不断地向真实均衡价格靠拢。虚高的市场成交价格降低了，跳槽的诱惑也就下降了，找到满意工作的难度就增加了；反过来，还会影响到企业对于内部薪资评判的标准值，这也是很多人感觉薪资满意度在下降的原因之一。对某些岗位的职场人来说感觉尤其强烈，他们的工作状态有一些共同的标签：工作内容程式化，不需要太多主观能动性，岗位职责和工作边界都非常清晰，工作结果可以基本上用定量指标衡量、精确描述。这一类岗位的痛苦指数是最高的。

　　同时又有很多新的职业和岗位，薪资水平一路走高，它们的标签正好相反：工作要求主观上有很强的创造性和学习能力，岗位职责只能说明大方向，工作边界外延丰富，而结果又不能清晰描述，很多时候取决于组织的整体效能变化。举例来说，有个新的职业叫数据架构师或分析师，组织管理者希望这个岗位能在企业经营管理中对数据库进行构建，对大数据进行整理和分析。由于大数据时代刚刚来临，很多事都在探索中，所以具体怎么做可能就连管理者自己都说不清，至于方法和结果也根本没有成熟的比对标准，于是就无法形成规范化的考核，这就需要该岗位责任人能快速地学习和掌握新科技和新理念，主动进行各种尝试。因此，对这一类新兴的职业，或者被赋予了很多新兴内容的既有职业，企业都必须付出试错所引起的风险成本、人员流动性大所形成的维稳成本、新科技或新模式高速发展所带来的成长成本。

这就是实际薪资价格与真实均衡价格之间的差异原因，以及现实中不同薪资表现状况背后的机理。有两个结论请务必记住：

一、就具体的某个价位的某项工作而言，供给永远是大于需求的。简单来说，就是能胜任工作的人一定比你能找到的工作机会要多。而且当今社会科技的进步还在不断将实际价格向较低的均衡价格拉近。如果要抬高自身的估值和价格，工作内容的差异性、时代性、个性化的外延是决定因素。"人不能我能，人能了我新，人也新了我还有独门技术"，这才是职场的强者。

二、整体而言，供给的增加永远大于需求的增加。供给主要来自低层级、低收入人群的不断进步，这个基数远大于上一个层级的较高收入的岗位数量；而需求的增加来自宏观经济或行业的发展，除了高速扩张期，大多数时间里需求增长的速度都有可能低于劳动力增长和 GDP 增长。更何况有时候需求还会减少，甚至消失，好比以前很多企业都会有打字员、驾驶员的岗位，现在人人都是打字员和驾驶员，专职驾驶员这个岗位需求已经大大降低，而打字员的岗位几乎消失，取而代之的是速记这个职业，而其工作要求、技能和方法也与打字员截然不同。往后随着机器学习的科技进步，就连初级的会计师、律师都面临着可能被电脑和机器人完全替代的风险！企业的需求甚至可能不再落实到具体岗位上，而只是职能的实现，与你竞争的供给方甚至都不一定是人类，这是多么严酷的趋势。

供给增加大幅超过需求增加，而且需求还会减少甚至消失，这个结论在传统工作岗位和中低端层级的职业人群中会得到特别充分的体现。未来企业内部会有大量自生性的业务组织，也会有大量的外包服务人员，这是管理科学2.0时代很常见的趋势。如果你是一名普通的职场人，你如何才能让自己被内部组织所需要或者能被外包机构所接纳，你具备这样的能力吗？我在很多次讲职场课的时候都在替台下的听众们着急，因为他们如果不能有效改变自己的话，很可能会面临一个漫长的"职场凛冬"。

供需曲线变动的本质

看到这里有人会说，经济学的供需曲线理论和职场经济学的供需曲线我都明白了，但是供给和需求的增加减少都是很宏观的事儿啊。别人要跑过来和我竞争供给又不会和我商量，企业对于需求会有什么想法我也无能为力，那么我搞清楚了那么多道理之后，对于我个人的工作和职场发展又有什么实际意义呢？

其实，职场经济学供需曲线的本质揭示了职场中几条永恒的定律。

定律一：如果个人没有变化，供需曲线永远不会向更有利的方向变化。

上节给出了结论，就确定的某个工作而言，供给永远大于需求，并且供给的增加永远大于需求的增加。所以，如果你本身没有变化，匹配的只是这一份工作而已，那么你几乎得不到你想要的越来越好的结果。

所有一心安于本分、从不主动寻求上进或变化的人，只能在组织中靠年头和苦劳换取位置和报酬。即便你心态平和，安于接受周围的人比你越来越好，也坦然接受后来者和年轻人成为你的领导，还能接受薪酬的增长速度缓慢得完全跟不上物价涨幅，但是你一定接受不了经济大势低迷或组织管理变化时所带来的失业。而这时，一心想着安于现状等退休的你，即便有再多的不甘心也无能为力。你觉得不公平，觉得命不好，但这却真正是再公平不过的事情，在日新月异的经济社会，一个不变的人要能苟延到老，那才是命好到不公平的小概率事件。

既然在一张图上所得到的那个价格点永远不会让人满意，那么只有通过改变自己，从一张现有的供需曲线图，走向另一张新的供需曲线图。所谓新的供需曲线，说的就是全新的产品，或者说是迭代后的新产品。

现有的图反映的是你当前的工作内容以及供需匹配关系，而当你的核心竞争力发生改变，当你的工作能力得到提升、外延得到拓展，当你的未来发展潜力逐步得到兑现时，你所能胜任的已经不是当前的工作。那时的你，逐步向金字塔的上层进化，所对应的需求线整体水准都高出现在很多，而能构成供给竞争的对手却少了很多，也只有在这样的过程中，才能让自己的收入得到满意的增长。

定律一要告诉你的就是：只有改变在先，方有获益在后。

定律二：越是底层，竞争所带来的性价比越低。

职场如同社会，也是一个巨大的金字塔，越是底层越是人数众多。而更严酷的是，同样往上走一级，越是底层所得到的收益越少，最大的原因就是基数太小。

比如说，10 个服务员中才出现一个领班，领班的薪酬或许比服务员高 40%，可服务员的薪资或许才每月 2000 元，也就是说成为领班要经历十中取一的竞争，然后获得每月 800 元，全年来说 1 万元不到的增值。而在企业中层，从部门副经理到正职一般很可能是三中取一，虽然只有半级、加薪幅度或许才 30%，但如果部门副经理的年薪是 15 万元，这一次升职加薪就相当于获得了 5 万元的增值。

所以说底层竞争的性价比是最低的，而每一个职场人都要想尽一切办法快速跨越这个阶段。新人为了每月千儿八百的增额而努力是非常正常的，但如果人到中年，还和小年轻们为了一个小数字而竞争就显得非常可笑。底层的竞争，往往是为了从众人中脱颖而出，而中层到高层的竞争，更多的压力来自自我实现、应对挑战和快速提升，虽然竞争人数减少了，可难度却增加了太多，往往需要一年甚至数年的时间才能完成一小步的跨越。所以要为自己的中层和高层职业生涯留出足够的时间，这就需要尽快地走出底层阶段。当你从主管走向中层，你的每一小步，哪怕半步，除了相当数额的经济增值，还会获得社会地位变化所带来的满足感，更是给自己贴上了质地完全不同的标签，就像游戏中从木质徽章到银勋金冕，回过头去看看第一次拿到的木牌，当时的艰辛简直恍如隔世。

从底层快速突破，在经济学上就相当于是要走出"**低端市场的同质化竞争**"。在这个阶段要想超越常人，大概有这样几种办法：一种是多投入时间和精力，尽快展现出过人的业绩和能力；一种是多投入学习，在工作中多加请教、随时复盘检讨，在业余时间努力充电；再一种是多面铺开，充分积累人际关系、拓展信息来源，从中捕捉机会；最后一种是不计回报地去做更高一个层级的工作，将这样的工作看成是赚到的机会，成功则表现出跃升的能力，失败也要攒下经验和教训。

只是这样的一些方法，在大多数人看来，都十分的"不经济"。多投入，做更多、更高段位的事情，又没有足够的回报，很亏啊！还没有赚到多少就要用掉，去充电学习，去结交人脉，能不能赚回来也不知道，更亏啊！在穷得叮当响的时候把赚来的第一笔钱眼都不眨地全部花掉，这个人是胡雪岩；在职业生涯的前5年从来不计较做多少事，对所有工作都倾注全部热情，用微薄的收入广交朋友，还自费念硕士研究生，这个人就是我。**在低层级的职场，最经济的就是快速脱离，其他所有的所谓经济考量都是不经济的。**我最近听到的一句网络名言是：不要说什么鹤立鸡群，正确的做法是离开那群鸡！

而当职业生涯进阶到一定层级的时候，你已经不会只为了一点简单的经济增值或头衔变化而努力了，而是为了成就感，甚至有机会自由而单纯地为了爱好和内心的愉悦而主动选择工作。也许你现在无法体会，但这就是金字塔一定高度之上的不一样的风景，我衷心希望此刻正在读这本书的你有一天能站在那个地方看到这样的风景并为之欣喜。

定律三：只知道盯着供给的人永远在红海；关注需求，甚至创造需求的人才有未来。

要想改变自己的供需曲线图，要想尽快跨越底层低性价比竞争，一心一意盯着供给线、盯着竞争对手的人，着眼点就错了。

你希望从身边同样层级的人中间脱颖而出，击败他们所有人是最差的战法，由此导致你争我夺、尔虞我诈，完全得不到想要的结果。尽管有时你也会占到便宜，但从此更会引导自己走向一条完全错误的职场道路。这样的人永远把自己放在红海，处处都是对手，没有什么新招、好招，就只能琢磨损招、阴招，最后沦陷在低质量的野蛮竞争中。

永远要记住，能让你脱颖而出的是你的需求方、你的上层，他们才是主导因素，就像常说的"市场总是正确的"、"客户才是上帝"。

你要关注的是，上一个层级和更高位置的需求是什么，你能不能达到。如果能，就去实现它，如果暂时不能，那么通过怎样的学习和怎样的磨炼才可以达到。好比说，不要去想怎样才能比其他服务员赚得更多，不要去和其他服务员比长比短，因为你再出色也只是个优秀的服务员。你要去想的是，老板需要领班做的是什么，是安排协调好所有服务员的工作，是指出不足、改进方法、提高效率，是指导大家，甚至引导新手尽快成为优秀服务员。那么除了业务过关以外，你需要通过学习补上一些管理能力和培训技巧，往这个方向努力才能达成目标。如果你发现其他服务员在工休的时间都是拿着手机打游戏、看八卦，而你觉得学习一些菜系的历史、烹饪的技巧、食材的药用价值会对服务员的工作大有裨益，那你就帮老板创造了需求。有朝一日，你所在的这家饭店拥有几十家连锁店的时候，你就有机会成为餐饮集团的培训主管或者分店经理。也许你觉得，就凭现在这个老板的样子，怎么可能做那么大？那么我要告诉你，你创造的这个需求不是为了这一个老板，你所学习和提高的也不是为了这一个老板，而是为了你自己；这一个老板也许不能创建足够大的舞台，但这市场上还有百计千计的餐饮集团，如果你够强，为什么不去投简历呢？

其实再换一个角度说说管理这个事儿。

我们小时候念书都自以为聪明地在教室里传纸条，在课桌下面看武侠小说。很久以后有一次我自己站到讲台上，目光往下一扫才明白，所有我们以为瞒得过老师的事情，其实老师都看得一清二楚。只是有的人，有的事，老师会有选择地说或是不说，以及什么时候说。

在管理上来说是一样的道理，只要是合格的、有经验的管理者，站在自己的层次往下看，下面明争暗斗的小心思、小伎俩他都门儿清，不同的对待方式，其实都只是管理的手段而已，这样的胜利者未必一定能得到实质的提升。最终能升职、能往上走一个层次的人，归根结底还是靠实力说话的。而所谓实力，就是能理解需求、满足需求，甚至主动创造需求的能力。拥有这样能力的人，才能拥有未来。

The Thinking

of

Economics

概念 4

经济周期——
主动寻求周期管理意识

职业生涯中的周期

周期是经济学中很重要也很有意思的一个概念。每一个研究周期的人，似乎都在试图寻找出某种对抗周期的办法，但内心又相信宿命论，无可奈何地接受着周期的必然存在。

中国古人很早就从自然中总结出了周期的规律，《文子》中说："周而复始。"后来将其总结到社会演变中，又说："天下大势，分久必合，合久必分。"虽然有的事情表面看起来是人类自己可控的，每一次大的转折似乎都由某种偶然性的因素和事件所导致，如果能有所调整仿佛就可以改写历史。但几千年来，无论是昏君还是明君，无论是丰收还是灾歉，无论是睦邻还是有边患，这种往复循环却总是像大自然的日月交替、四季轮回一样不可抗拒。

西方的经济学家发现社会如此，经济也是如此，任你如何提高生产力、加强配套法律和金融环境，最后总是逃不开"繁荣之后的衰退"，也总会有"萧条以后的复苏"。

如果把周期定义为经济上逃不开的循环，人们对其长短和成因就有不同的说法。

英国经济学家基钦提出短周期是 40 个月左右，而长周期则相当于 2—3 个短周期。苏联经济学家康德拉季耶夫提出资本主义经济的周期是 50—60 年的循环，我们最近能听到的一句名言"人生就是一场康波"就是来自于此。就事实而言，不同长短的周期在经济历史上都能找到案例来佐证。所以自从凯恩斯提出周期理论后，"存在着周期"的这个结论是被一致认可的，但是对于具体的周期规律却没有一致的认识。经济学家都想破解经济周期的奥秘，因而提出了各种学说。

从外部因素讲，早些年有人认为经济周期和太阳黑子爆发影响农业作物收成有关，到了工业科技主导的今时今日，其显然不再是主要原因。

还有人认为是政治选举的因素，政治家总是想讨好选民、刺激经济高成长和低通胀，随着他追求连任或即将卸任就会有不同的政策出台，从而影响经济周期。事实上很多国家的经济周期和政治家的变动相关度并不大，再说还有领导人几十年不换的国家呢。

20 世纪著名政治经济学家熊彼特提出经济周期和新技术有关，新技术刚出来的时候带动了新的生产组合，同时原有组合继续存在，就形成了收益的差别，从而能刺激经济发展。而当新技术被大多数人掌握以后，投资和发展的动力就缺乏了，于是整体经济就萧条起来。但是当今社会，新技术和新商业模式几乎每天都出现，每年都有新的优秀企业脱颖而出，而这似乎依然不能阻挡周期的到来。

经济学家又试图从内因上找到问题的本源。有人提出关键因素是货币，是银行扩张快了就收缩、利润低了又开始扩张，从而造成了周期；有人提出是因为投资永远会被利益驱动从而过热，与之对应的理论是，社会需求永远比实际生产出来的总量要低，但是这两种理论解释了衰退和萧条的原因，却不能说明整个周期的内在机理；还有社会心理理论，那就更加随机而不可测了。

我在研读宏观经济学的时候，相信用哲学的思想来认识经济周期会更合理。**我认为经济周期的本质是：人类整体认知能力与真实世界状况的必然差异。**

比如说某个股票，大家认为其 20 元肯定过高，但是 2 元又绝对不止，那么理论上在 2 元到 20 元之间就有一个真实价值的存在。但是所有人的整体认知绝大多数时间都是偏离这个值的。内因上讲，人们本身认知能力就有高低，大多数人都缺乏必要的知识、逻辑和判断能力；而外因上讲，外部世界的各种信息，包括股票本身的走势，都会带来影响甚至会诱导误判。所以假设这个只有上帝才知道的真实价值是一根从 4 元缓慢往 6 元上升的线，那么实际交易价格就很可能围绕着这根线上下波动，从 3 元升到 9 元就是复苏到繁荣的过程，而从 9 元回到 4 元就是衰退和萧条的过程。

真实世界或许也存在一个只有上帝才知道的合理发展轨迹，包括最合理的生产配置、政策环境、投资与金融的规模和力度，但是人类整体认知能力形成的偏差也一定存在，其他外部所有因素的影响，包括人类基于偏差认知，自身所做出的行为都会在一定阶段内不断放大这种偏差，只有当偏差达到一定程度的时候，人类才会形成"必须纠偏了"的共识，而这种纠偏又会进入矫枉过正、往反方向偏离过去的轨道。这是我所认为的经济周期的本质。

所以人类认知能力的不足，就是经济周期必然存在的理由。偏差小，可能周期波动也小，根本没感觉到。而周期的长短，也与我们研究的对象有关，企业、产业或许影响参数较少，比较好分析，而将国家、世界作为对象的话，影响因素实在太多了，难以面面俱到。所以我认为这不是一个具有天然规律的事情。

理论上讲，人类认知能力是在不断提高的，而信息化技术的发展也极大地丰富了认知的手段，所以经济周期的正反向偏离程度都应该不断缩小，而周期也应该相应缩短。但与之同时，人类的执行力与生产力也在大幅度提高，同时资金的流动速度和广度也是空前的，再加上金融与投资的杠杆放大能力，这些又会加强发生偏离时的放大效应；而偏离程度一旦造成了较大的现实损害，修复时间就会拉长，经济周期也会变长。那么究竟哪一个方向的因素会占据主导呢？这会是一个困扰无数经济学家的课题。

但是微观领域的周期理论就有很强的实际指导意义了。行业有周期，企业也有生命周期，产品的周期更加明显，再好的产品也会"花无百日红"。所以懂得周期理论的企业家，都会在前一个产品还在热销大卖时就未雨绸缪进行产品的迭代和新产品的研发，或者布局新的产品线，来保证企业未来的稳定发展；也会在企业高速发展到一定时期，开始进行内部管理整顿，收缩战线、减少投资，在大势或行业周期进入衰退期前就留好现金、蛰伏过冬。所以那些说得上名字的企业家中，有人昙花一现，也有人屹立商场几十年不倒，差距就在于对周期的不同把握能力。

职场上所讲的周期有两个，**一个是和经济大势、行业、企业周期相关的职业周期，另一个是个人的职业发展周期。**

和经济大势、外部周期相关联的职业周期，你可以试着对它做些研究，但说实话你并不能改变什么。普遍来看，大范围的加薪升职一定是在整体经济上行的时候，新的职业机会不断出现一定是在行业高速发展的时期，而加薪艰难甚至面临失业则一定是在经济下行或者危机的时期，绝大多数人的职业周期都是和外部周期密切相关的。

你改变不了周期效应，但是你可以调整自己的行为。

在形势一片大好的时候，升职加薪的同时，你就要注意观察和思考是否存在着过热的隐患。"人无远虑，必有近忧"，周期下行时的准备要从形势好的时候开始。职场人可以去做两件事，一是尝试去接触和学习新生事物，二是去掌握那些可能在形势下行时会用得上的技能，为即将到来的衰退期做好准备。

这是两个不一样的方向。

接触学习新生事物，是为跨越到一个邻近的甚至全新的行业做准备，而这个行业在整体下行的阶段里是有可能快速发展的，例如在 20 世纪 30 年代美国大萧条时期快速发展起来的好莱坞电影业，以及大萧条后期禁酒令废除后的酒业；也可以是为了跳槽到同业内的优势企业，这类企业往往具备独特的科研能力、资金实力或者管理优势，在下行期不仅能保持安全，还可以实现低成本的扩张，从而在复苏时更加巩固自己的领先地位。这样的企业对技术和管理的要求一定和你现在所在的企业不同，否则不可能形成独特优势，所以你想加入这样的企业，也一定需要进行新的学习和提升。

而去掌握经济下行时的危机应对技能，则更倾向于立足本职。技术人员可能需要掌握低成本要求下的技术进步和产品迭代技能，销售人员可能需要掌握快速清理库存或者向未出现经济下滑的地区开展销售的能力，生产人员要追求效率提升和成本管控，财务人员要寻求多渠道融资和提高清理应收账款的能力，而 HR 人员则需要掌握通过企业文化宣导来提振士气，甚至是和缓裁员与稳定队伍的能力。"沧海横流，方显英雄本色"，在危机时能力挽狂澜作出贡献的人，一定会在下一个春天来临时获得足够的回报。

那么选择哪一个方向？这个我无法给出答案。你需要对现有的企业有清醒的认识与判断，你要分析的不仅包括行业地位、危机等级等外部因素，也包括领导的格局与能力、内部管理、风险控制等内部因素，做出这个分析与判断需要具备较高的整体素质。

我的建议是：职业生涯前期侧重于后者，只要企业具备抵抗危机的能力和长期发展的潜力，稳定在一个组织中寻求内部发展是更有利的，这样能帮助你建立起完整的职业规范和思维体系，而且所有应对危机的那些能力也都是你最终向上发展的某种必须经历；而职业生涯的中后期则可以适当拓宽视野，当你的积累达到一定层级之后，你本身已经具备了一定的议价能力，你需要在最合适的平台上才能发挥出最大的效益，而现有企业未必能继续提供匹配你成长速度的待遇。

但无论处于周期的哪一个位置，也无论你选择了怎样的周期应对策略，"忠诚与责任"是永远不能放弃的。在其位，谋其政，在岗位一天则做好一天的事，这是职业责任；无论是现在所服务的企业，还是曾经服务过的企业，永远不以损害企业利益来为自己谋取利益，这是对职业的忠诚。

快速提升时做品牌，瓶颈期、受阻期做业绩

除了与经济大势、行业、企业周期相关联的职业周期，职场经济学中还有另一个周期概念，就是个人职业发展周期。

即使经济大势、行业、企业都处于稳定的状态，个人的职业发展也有"快速提升""遭遇瓶颈""受阻衰退和重新进步"的周期。我见过很多人倒在瓶颈期和受阻期，从此放弃了继续前进的计划，有的人甚至在职场失意时参与了传销组织，走上歪门邪道，这就是没有正确认识到个人职业发展周期的必然性，缺乏逆商从而失去信念的表现。

个人职业发展的周期同样是客观规律，也是因为外部和内部不可抗拒的影响因素而形成的。

外部影响因素除了经济大势、行业和企业变动以外，还有周围同事、企业外部同样岗位人才的发展速度和自己的差异，当他们的发展速度更快的时候，你所遇到的瓶颈和阻力很可能来得比想象更早。有时一个高段位的空降兵就可能阻碍你原本的提升路径。

内部影响因素包括你的个人与家庭变化，失恋、失亲、结婚、生子等都可能影响到职业状态，还包括人生态度、心理变动、职场情感等。内部影响因素也很少有人能完全规避，毕竟都是凡人，只有那些"除了事业一切都不顾"的事业强人才能把内部影响因素降低到最少。这些人还能在外部差异中始终占据优势地位，但毕竟凤毛麟角。这样的人一路高歌猛进、事事顺利，几乎从来看不到个人职业发展周期的波动，但对他们确实没有什么气不过的，因为人家能放下的那些东西，你真的放不下。

那么你要说了，既然这个周期是我无法避免的，讨论它还有意义吗？有意义。职场是长期的，在三四十年的时间里绝大多数人会遇到各种各样的形势波动，而我们的目标从来不是一时一地的得失，而是长期发展的收益最大化。所以你一定要有主动寻求周期管理的意识，让自己的职场生涯相对平稳、渐进发展。

应对周期有四条守则，你能做到，就能在周期的不同阶段应对得当,走好自己的职业发展之路。

守则一:接受职业发展周期的必然性,坦然、淡然地面对瓶颈和阻力。

连续几年没有得到提升,预料中的升职并未如期到来,对手上的工作感到应付乏力,投入始终得不到想要的产出……很多人都不能正确认识到,这很大程度上是由与外部关联的职业周期和个人职业发展周期的必然性导致的。有人会放大非决定性的因素,比如将具归咎于领导的偏见,把同事的失误或坚持原则归结于故意敌对等;有的人会放大客观因素,只看到与外部关联的职业周期因素,从而怨天尤人;也有的人心理上会对自己全盘否定,盲目跳槽或辞职,放弃之前的所有努力……

我要告诉你的守则一,就是接受它、面对它。发展顺利时不要过于春风得意,要正视未来可能遇到的坎;而当瓶颈和阻力到来时,客观冷静地分析原因,然后做出选择。是变换环境,还是坚持、等待突破,不可意气用事,需要认真比对;领导不赏识或者喜欢别人,首先看自己存在什么问题,如果的确是偏见,是否可能通过提高实力来改变;面对同事的问题、下属的问题,客观分析自己有没有视角狭隘,如果问题真的存在,那么是否是因为自己的管理沟通能力和领导力存在不足……坦然则客观,淡然则冷静,随后才能有真实的结论、良好的心态和正确的行动。

守则二：快速提升时做品牌。

职场人都是有品牌的，人在江湖，声名在外，可能你自己不知道而已。在信息高度透明的今天，口碑的传播程度更是超过你的想象，尤其是在同业、同层级的圈子里。我有两位前下属最近换了工作，他们通过朋友圈发现，一个的领导是我更早之前的下属，另一个的老板是我商学院的同学，大家都在感慨世界太小。而你拥有什么样的个人职业品牌就决定了你的老板、领导、外部合作方或潜在的新雇主对你可能会有什么样的认识。

所谓个人职业品牌，由若干的标签组成，比如"执行快速准确"是一个标签，"聪明、接受力强"是一个标签，"很有趣、有亲和力"也是一个标签，而每一个鲜明的标签都是你与众不同的点，加起来就构建出了你的个人核心竞争力。

和商品品牌一样，标签都是感性化的，而不是数据和规格。耐克品牌是激情、动感；阿迪达斯品牌的新定位是时尚、青春；而安德玛品牌是科技、质感、个性。品牌标签和具体材质、性能并不完全相关。你的个人标签也一样，每一条都是你在职场上给人留下的区别于其他人的印象。这些印象只有极少数是通过 KPI 数据和规范而得出的，绝大多数都是来自正面的交流和侧面的口碑。

我要告诉你的守则二，是在职业快速发展的过程中，你做品牌的时机。

从事市场工作的人都知道做品牌工作的一些要领。比如，做品牌时吸引越多的眼球，效果就越好，最好是自然流量和免费关注，那么正冉冉上升的你自然吸引着各方最多的关注；比如，做品牌需要有事件做载体，需要一定程度的展示机会，而上升中的你正在承担越来越多的职责、应对越来越重的工作任务、解决越来越难的问题，所有的业绩都是事件，所有的汇报都是展示；再比如，做品牌是需要有一定投入的，除了费用以外，露脸的机会和交互信息的场合等都需要投入，而快速发展中的你不仅有热情，还不断获取着一定的资源可以投入和承载。

当然，做品牌的意思并不是让你一心只想着作秀，工作还是一样的工作，只是你需要把握一下职业发展的重心。

从个人职场品牌树立的角度来看，与工作业绩相比，你的管理协调能力、综合思维、学习潜力等方面的体现更为重要，越是在上升期，越是不能把超额完成任务和追求更大业绩放在首位。如果把你的品牌过多绑死在业绩上，而业绩总有不能持续高速增长、甚至下滑的一天，那时你的品牌也会被打上"退步"的标签。同时单纯追求个人或本部门的绩效最大化，必然会伤及其他部门的利益和观感，当瓶颈期和阻力期到来时，你会觉得茫然无助。

我有两位销售团队负责人都因为业绩出色而升任地区总经理，其中，A 先生把更多的时间用来与财务部、人力资源部、培训部接触，补充自己管理知识上的欠缺，同时花了大量时间去调研，发现问题，有了疑问就去向分管老总汇报和请教，有时也有一些创意思路会小范围地开展试行，除了"销售能手"以外，无形中他还被贴上了"肯动脑"和"积极好学"的标签；而 B 先生是完全不同的路子，他最大的管理举措是试图将自己之前的销售经验不断复制到整个地区，可问题是不同城市之间差异很大，不断加压的结果是不仅自己总是做得很累，效果也不明显。当例行的年度销售淡季过去以后，我们发现 A 先生虽然业绩有下滑，但是做好了应对措施，并进行了机制的合理调整，而 B 先生负责的地区不仅各处都在出现问题，和其他部门的关系也越闹越僵。之后，两个人的发展差异你就可以想见了。

除此之外，在个人上升期还要记得避免随意臧否他人，或者公开发表未经深思熟虑的观点。因为你正在被关注，万一问题被过度放大，容易带来未知的、难以预计的后果。

守则三：瓶颈期、受阻期做业绩。

守则二不是说品牌比业绩重要吗，怎么又要做业绩了？还是那句话，工作是一样的工作，责任与目标都不变，但是在个人职业发展周期的不同阶段，重心不一样。遭遇瓶颈与阻力时，就应该把业绩放在首位，理由有三：

其一，遭遇瓶颈和阻力的时候，心态容易发生变化，而不让自己偏离的方法之一就是专注，专注地做手边的事、做最重要的一件事。这不仅有助于平复心情,更是在为重新起步积累能量。我认识一位银行业务经理,每当她遇到工作、生活有任何不顺利的时候,她都选择同一种应对方式,那就是疯狂地拜访客户,一天到晚排得满满当当,强迫自己挂上笑容去见人,很多客户就这样和她见面多了、聊多了,逐渐和她成了朋友,有时还真能成交原本无心的案子。

其二,如果瓶颈和阻力的主要原因是外部环境变差,那么所有人都很可能在忐忑与动摇之中,人心浮动,而专注于本职业绩的你不退反进,在危机来临时便能凸显出迥异于他人的气质。

其三,如果瓶颈和阻力来自你的同事和外部同类型人才,那么再多的表现都不如业绩数据来得有说服力,无谓的争执和"同行相轻"都未必有好的结果,还拉低了你的职场人格底线。如果瓶颈和压力来自你的个人生活或家庭,或者是你的能力缺陷,那么更需要把有限的时间精力投入最关键的点,腾出的那点空间要用于学习和充电。

很多职场人都在遭遇职业发展失利时,着急忙慌地寻找其他表现机会,试图挽回职场上的颜面和待遇上的损失,而事实上这种行为成功概率很低。你之前投入了很多时间和精力的项目都没有得到好的结果,临时参与的事会做得更好吗?要是努力表现了,在职场这样一个大组织、大系统里,会很轻易地出现各种大反转吗?影视剧看多了吧。只有安心、沉心,专注在主业和学习中,耐心地等待一个重新闪亮登场的机会,才是最好的选择。

守则四：关注两个周期走势的叠加和消抵。

我们说到有两个周期，一个是和经济大势、行业、企业相关联的职业周期，另一个是个人发展的职业周期。如果前一个周期的发展期和后一个周期的快速提升期叠加在一起，当然是再好不过的事情，春风得意，风光无限；但如果前一个周期的萧条期和后一个周期的受阻衰退期叠加，那也是"跌跌不休"，深渊不见底。

所以要关注两个周期的走势，经常做自我评估，前者非人力所能控制，对于后者虽然不能完全左右，但可以在一定程度上做自我调整。

一方面是缩短自己应对瓶颈和阻力所需要的时间，这是任何状态下都要做的事，需要提高自己发现问题、理性分析、快速学习的基本素质。

另一方面是人为地将瓶颈期和阻力期前移，在外部环境还能保持良好态势的时候，主动承接更大、更麻烦，甚至超越自己能力范畴的事，主动去触碰一些更复杂、涉及面更广的困难，用外部环境和个人上升的良好态势所带来的红利去消抵可能造成的损失。例如，当你所在的行业正处于风口、产品供不应求、企业快速发展的时候，进行一些可能会触及利益格局的改革，好比供应链重塑或者流程改进，以及一些可能遭受失败的竞争，好比参与更高岗位竞聘或者竞争后备干部培训。这些举措一旦成功就积累了经验和资本，即使不成功也不会承担太大的风险；而如果是行业和企业都在下行的时候，你不成功的举措就很有可能使你成为"背锅侠"。

所以保持关注，进行敏锐的观察和理性的分析，从而利用周期的叠加或抵消效应，使自己发展的趋势尽量平滑一些，最关键的是一定要让最低谷落在自己的承受范围以内。

务必避免周期低点叠加。外部周期处于低点时，千万不要让自己也处于完全低点，例如在经济形势下行或者企业下行的时候选择裸辞。还没有找好下一个工作或者有所规划，就因为暂时看不到前景而突然辞职去享受生活或心血来潮地创业，绝对都是冲动的行为。在外部周期形势很差的情况下，职场竞争空前激烈，一旦离开很可能就再也回不来了。即便是被动地遭遇了裁员，也一定要在能学习和有发展的前提下，接受哪怕降职、降薪的工作，以最快的速度找到一个起点重新开始。

周期无法避免，也并不可怕，只要理解和遵守这四项守则就能趋利避害，从而让自己的职场发展轨迹一直沿着既定的职业规划前行。

The Thinking

of

Economics

边际效应——
及时调整工作方向，
发掘新的增长点

职业发展周期中的边际效应

先来说，经济学中所讲的"边际效应"是什么意思。**在其他条件不变的情况下，某一种投入持续进行，而所获得的产出却相对越来越少，甚至转负，这就是边际效应。**举个最简单的例子：你让一个饿极了的流浪汉吃面包，他吃第一个的时候相当于捡了一条命，激动得眼泪都会流下来，吃第二个、第三个、第四个时，他从幸福快乐、比较满足到感觉可有可无，吃第五个就勉为其难了，吃第六个简直难受得要吐，如果你逼着他吃第七个，没准他就彻底翻脸、跟你大打出手了。

边际效应在经济学中的例子比比皆是。比如给机器加润滑油进行保养，当然是有利于提高机器运转效率的，所以专雇一个人来做这件事，和原来只使用机器却不维护相比，出产效率更高、机器寿命更长；雇两个人，能够让所有机器都及时得到保养，还是有价值的；但是你雇更多人，每次擦拭更久、涂更多的润滑油，就不再有任何正向的效益了，反而润滑油严重浪费等问题会不断冒出来，还不如只雇一个人那会儿好呢。

宏观经济中也有边际效应的典型案例。大家都知道推动GDP增速需要三驾马车的拉动：投资、消费和出口，在消费和出口提振乏力的时候，我们通过加大投资，一举扭转了颓势，带动了GDP的增长；第二年又使这一手，发现去年还能拉动4%的增长呢，今年只能拉动2%了；第三年还这么干，已经基本失效了。整个经济结构是需要协调同步的，出口缺乏竞争力、消费缺乏提振力，其他要素都没发生改变，光靠投资拉动，边际效应的结果就是同样投那么多钱，起到的效果却越来越差。

理解了经济学中边际效应的概念以后，我们就可以来说说如何用职场的经济学思维来思考边际效应这事儿。

上节说过职场人都有个人职业发展周期，从快速提升到遭遇瓶颈、受阻衰退，会有一条先往上后往下的趋势线，当然，我希望之后每一个人都能走出低谷，进入重新起步的第四阶段。这个先升后降的周期性过程几乎是必然的，有外部因素（包括经济大势、行业和企业的周期变动，周围同事和外部同类型人才的相对发展速度影响），也有内部因素（包括个人生活和家庭变化、人生态度、心理变化和职场情感等）。那么，即便是那些学习和工作能力远远超越周围同事和外部同类型人才，不结婚不恋爱，对外界事物和身边人群漠不关心，以事业为人生唯一追求的"职场超人"，他们的个人职业发展周期就是永远笔直向上的吗？不，即便是再优秀的职场人士，即便他从来没有过走下坡路的经历，他的个人职业发展也不会是直线，而会是一条先快速、很陡地向上，然后逐渐平缓向上的曲线。

根本原因就是职场中也有边际效应的存在。因为其他影响因素比较多，对于边际效应所起的作用，一般人不像"职场超人"看得那么清楚，但事实上，边际效应会对每个人的职业发展轨迹都产生作用。

我们来具体计算一个关于边际效应的例题，你对其经济性就会有比较清楚的感受了。

作为一名职场人，假设你一直以来对工作的投入程度是 80 分，并获得了 80 分的产出，这时你的回报率是 80/80=1，十分中规中矩，付出多少，得到多少回报，而 80 分也基本达到了组织对你工作给出良好评估的标准。

然后你通过增加工作时间和提高工作效率，将投入增加到了 90 分，你发现自己瞬间超越了大多数人，取得了相当瞩目的成绩，产出回报达到 100 分，已经完全满足组织对工作的优秀评估了。我们可以算出来，你这时的边际效能足足有（100-80）/（90-80）=2，而你的整体回报率达到了 100/90 ≈ 1.11。这里你要清楚两个结论：其一，你的整体工作投入产出的回报率从 1 提高到了 1.11，幅度不小；其二，你增加投入的那 10 分所带来的性价比是 2，不仅高于原来性价比 1，也高于现在的 1.11，说明你的增加投入非常值得。

于是你觉得自己还有提升空间，你倾尽全力使投入达到了 100 分，产出回报也仍然在提高，达到了 110 分，组织认为你非常卓越，并给予你相应的奖励。但是你不要高兴得太早，这个时候你就需要重新算一下自己的回报率。其一，你的整体工作投入产出回报率从 1.11 降到了 110/100=1.1，虽然只降了一点点，但这个信号值得警惕，因为从理论上讲，无论你如何继续投入也不能扭转整体回报率下降的趋势了；其二，你增加投入的那 10

分所带来的性价比为 10/10=1，而在此之前你工作的整体回报率是 1.11，相比之下低了不少。所以结论是，尽管你获得了 110 分的产出及相应回报，但是回报率在降低，也就是说边际效应显现，你增加的投入开始不划算了。

往后可以判断出，即便你再增加 10 分的投入，所带来的回报可能连 10 分也增加不了。当然从老板的角度看还是欢迎你这样做的，毕竟总体产出还是在提高，但从你自己的角度看，得出的结论一定是：改变更有利。

你比周围同事多付出 10% 的勤勉，你可能会得到多出 20% 的成果；可如果再多付出 10%，增加的成果会有 40% 吗？不会，也许只有 30%。可能你会说，好歹还是在增加啊，我年轻、不惜力，只要能多增加总是好的。可是精力始终是有限的，从某个点开始，非但不再能得到增加的成果，还可能因为透支，把之前的整体效率都拉低了，结果越是勤奋，越是糟糕。

特别是当你达到优秀等级的职业表现之后，是否要以单一方面的卓越为目标，就见仁见智了。如果身边的人都达到了优秀，或许你达成卓越就是职业发展的必然要求，你必须要找到新的调整的方法；如果你确信只有达成卓越才能让自己产生质变，那我也支持你的选择，高人很多，而大师很少，要说是从什么时间点开始成为大师，大师自己也说不好，质变往往发生于不经意间。

我不赞同鸡汤式的成功学，所以我不会简单粗暴地一味鼓励你坚持、追求卓越。因为从 98 到 99 的难度远高于从 80 到

90，而要达到 99.9、99.99，难度更是呈几何级数增加，很多人穷其一生也未必能实现。我会建议大多数人在达到优秀等级以后，停下来想一想，自己要往哪里去。而且我相信对大多数职场人来说，达到优秀以后的下一个目标并不是卓越，而是另一个优秀，那样的话，投入和产出的性价比更高。举例来说，如果你能把自己达成优秀的经验有效地整理，并传达给其他人，帮助大批还在及格和良好阶段的人尽快达成优秀，这份工作很可能比你去争取卓越所获得的回报更大。

在任何一个方向上的持续投入和提升，大多数情况下都不会一直带来你想要的职业生涯发展的成果。一个主管即便将分内工作完成得精益求精，也未必会成为部门经理；而部门经理就算将本部门管理得尽善尽美，也不见得能胜任企业高层。这就是职场经济学中关于边际效应的结论。这个结论要加一个括号，就是有一些纯技术和专家型的职业，边际效应也存在，越往高精尖走、越往深处走，出成果的速度就越慢、难度就越大，但如之前所说，这是纵向发展类型职业的特性，你只能理解和接受。

很多人都会讲到"天花板"，时常抱怨自己付出了那么多，但是总有一个阶段怎么也得不到继续的提升，对回报的增长总是不能满意。直接的原因就是你的持续投入不能形成相应的产出，因此也就体现不出价值的增加。在有些外企中，本地员工晋升有不成文的上限层级，有些民企的高层选拔一定要任人唯亲，这些被称为"玻璃天花板"，明文里看不到却真实存在，而且非常难以突破；除此以外，大多数的所谓"天花板"其实就是你自己发展轨迹的边际效应所致，当边际效益不再能随着你的投入而继续增长时，那你就到了"天花板"。

我认识一个小伙子，他一毕业就在会计师事务所做审计助理，出差、加班都是常事，他都任劳任怨，查账尽调也无比认真负责，因此业务水平也不断提高，很快就成了小组长。在他成为带了两个组的资深组长之后，他发现自己碰到了"天花板"，虽然薪酬每年都有递增，但是和他付出的时间、精力相比，他已经没有了工作初期的那种愉悦和满足。而要想继续提升却那么难，因为精力有限，带两个组已经是极限。更令人烦恼的是，由于业务能力强，累活难活都很自然地到了他的组，结果闹得自己的组员还挺有意见。

他倒不是挑肥拣瘦，而是希望能在努力付出以后成为经理、高级经理，甚至合伙人，但是从实际情况看，这个愿望的实现遥遥无期，高层似乎连让他独立承接一个完整的项目都不怎么愿意。后来前辈大哥指点他，在审计方面他差不多已经是最熟练、最高效的了，投入再多也不会有超额的产出，但是想要像经理那样能独立给出意见，并不是单方面努力的结果，也需要很强的和企业交流沟通的能力，而要想承揽到项目，还需要公关能力和人脉拓展能力。在这两方面可以说他从无任何实践。也就是说，当边际效应无法抗拒地发生时，要寻求的是自我突破和改变。

　　毕竟是有着很强经济学思维基础的精英，小伙子其实在一听到"边际效应"这个词的时候，瞬间就明白了自己下一步该怎么办。

"非零和竞争"下的授权

　　接着上面的案例往下说。

　　小伙子明白了职场发展受阻的症结所在，只是自己的内向性格和过去的工作习惯已经非常固化，前辈大哥所说的那些能力，需要自己刻意打破一些固有的东西，然后有意识地去训练和培养起来。

　　以前自己的领导和客户企业在沟通交流的时候，他关注的是双方提到了哪些要点、需要自己去执行哪些事务，现在他更关注的是领导的说话技巧和套路、对方企业的表达方法和真实诉求，以及形成最终解决和处理方案的逻辑与尺度。有业务底子在，他很快就能够看出门道和关窍，只是需要找个人来替代自己完成那些会议纪要、执行方案的记录整理工作。另外，他还有意识地增加了很多社会交际活动，会请客吃饭或者安排打球、唱歌来培养和客户的感情，希望能获取更多的资源和项目机会，而这些事都很花时间，所以他开始提高对手下的工作要求，并且让每个组里较有潜质的那个人开始承担一些带队和管理的工作。所有这些放开手的事，原来他都认为非常重要，而且以他的性格一直都是亲力亲为，可以说是边际效应的倒逼和拓展职业边界所必需的学习让他误打误撞地学会了管理学中最重要的一课：授权。

经济学的基本公式除了"收入－成本＝利润"，还有一条："**收益／投入＝回报率**"，所谓**回报率就是收益和投入之间的性价比**，大家都希望投入带来的收益越高越好。一说到回报率，大家第一时间的反应就是老板普遍对员工抱有"吃的是草，挤的是奶"的"美好"愿望，他们时时刻刻都会计算自己所付出的价格有没有换来更大的价值、同样的工作是不是可以用更低的投入来完成。但是还有另一种诠释，就是你有没有让自己工作投入的回报率最高。

马云说过，所谓薪酬就是购买了员工的时间和才华的对价。作为员工，你要考虑两个问题：一是怎样提升才华？二是同样时间里怎样才能产出最大？

每个人的时间都是有限的，如果和其他人一样都是八小时的工作投入，那么你的课题就是如何能有更高的产出。你可以在八小时以外继续投入工作，也可以投入与工作相关的其他社交活动，怎样做的产出效率更高？哪些方式可以提升自己的才华？而提升才华所需的时间从哪里来？只有让自己的产出回报率不断变高，你的职场生涯才谈得上是"经济"的、划算的。

你必须敏锐地察觉到，在这一个方向上的持续努力是不正确的，你需要去发掘新的增长点。如果你是基层员工，就意味着你不要一味地简单追加投入，不要再在一个维度上去追求回报的增加，而要将时间和精力用于新的方向；如果你是管理者，就意味着你要解放出你的时间，通过授权将工作内容传递出去，如果管理得当的话，整体产出不仅不会下降，甚至还会上升。

在讲如何授权之前，要先说一个行为经济学中的案例。人类的各种心理会影响他们作为"经济人"的行为方式，这一点在序章中论述过，而这也正是行为经济学研究的意义所在。

有一个实验把很多受访者随机地两两配对，然后悄悄地问其中一个人："不需要你做任何事，给你 100 块钱，你愿意吗？"受访者们可能因为在想为什么会有这么好的事情而犹豫了一下，然后都回答"愿意"。再问："如果给你 100 块钱的同时，我们会捐助 200 块钱给非洲难民，你愿意吗？"所有受访者都毫不犹豫地回答"愿意"。接着又问："如果给你 100 块钱是以给你对面这个人 200 块钱为前提，你接受吗？"这时所有受访者都进入了思考状态，最终有多少人选择了放弃？接近 40%！在其他访问中，如果把对象设定为一个他很抵触的人，或者把100 块变成一个足以改变双方地位的较大数值，选择放弃的比例更高，有时会超过 60%。

你看，人们往往对较远的人获得更大收益并不介意，甚至有时是不当收益也无所谓，就好比我们经常听到"那些贪官拿点就拿点好了，只要我能多挣一点钱"这样的言论。而对身边能看到的人，人们的嫉妒心就会作祟。嫉妒心其实人人都有，所有受访者都进入思考状态就是一个证明，只是有的人会懂得用理性判断去抑制嫉妒心。有一个选择接受的受访者这样回答："我想：总有一些人会不接受的，我好歹总是比他们以及他们对面的那些人多拿了100块。"

而这些受访者们不知道的是，他们对面的人也被悄悄问过一个问题："如果因为你对面这个人的一项善举而让你获得了200块钱，你愿意给他50块吗？"而这个问题几乎所有的回答都是"愿意"。

老话讲"教会徒弟饿死师傅"，现实中也有很多人总是压着手下人，生怕有谁冒出了头会把自己挤走。对于这样的人我始终觉得十分悲哀，以消耗别人的职场发展为手段，最终也消耗了自己的职场发展，通过损人来伤己，实在是再愚蠢不过的事情。

基于上述理由而不敢授权的人，对于职场竞争持有一种静态的"零和竞争"的心理。什么是**零和竞争**？这是博弈论中的一个名词，就是在**市场总额有限的情况下，一方得益则一定有一方受损，你多拿一块钱就一定有人少拿一块钱**。就像前面那个实验中，不少选择放弃的人都把自己和对面的人当成了"一输一赢"的零和竞争。在零和竞争状态下，除非有恃强凌弱的可能，否则不可能达成合作；而一旦把职场看成是零和竞争，很多管理者就会把手中的权限当成恃强凌弱的工具。既然是赢得零和竞争的武器，那么他就一定会牢牢把住不放。

事实上，职场是一个非零和竞争的环境。职场是动态的，如果整体上不能持续扩大利益总额，管理者会采用各种方式去压缩和控制成本，包括裁员，也就是说，那些人所看到的静态的零和环境只是假想，你所在的职场要么不断扩张，要么不断萎缩，不可能长期维持现状。

企业必须动态发展，组织会扩大，人员会增加，市场会扩张，业务或者项目会变得越来越多，在这种状态下，如果你能够客观看待彼此成长和收益增加的相对差异，你可以和所有人一样获得收益。而充满自信的管理者会欣然地看到自己团队下属的成长，为此他会充分授权，从而使下属得到更多的成长空间。

关于这个问题，我的第一位领导就给初入职场的我树立了一个非常正确的观念。"我最希望看到你们每一个人都成长到能替换掉我的程度"，这位至今仍令我非常景仰的聪明领导当时笑眯眯地对我们几个年轻人说，"你们不能替换掉我，我就只能一直在这个位置上待着。总在这里，怎么升官呢"？

所以，作为一个管理者，如果不能或不敢充分授权，你的工作就会不断地重复，不断重复的结果刚才已经详细算过，边际效应的存在势必面临回报率下降，而你也没有时间用于工作边界的拓展和自我能力的提升。那些关键性的、有一定难度和技术含量的工作，如果始终不能授权下属去操作，不仅你没有了自我提升的时间，你的下属也没有了提升的机会，对很多职场中人来说，有没有提升的机会是判断自己工作前途的重要标准之一，如果无法看到提升前景，他们的归属感和工作效率都会下降。

在确认过眼神，你也是认同授权的职场人以后，关于授权，我还要讲两件重要的事情。

第一件事是授权的同时要明确责任、奖惩和监督。授予怎样的权限就需要同步明确相应的责任和工作目标，如果实现会得到怎样的奖励，如果没有充分地利用好授权而没有达成目标，或者不当地使用了授权，又会得到怎样的惩罚。

尤其容易忽略的一点是监督。很多人都以为说过就会被接纳，明确过就可以坐等实现，而现实中如果没有监督，就连原本不错的团队都会逐渐沦于平庸。古人说，"疑人不用，用人不疑"，"将在外，君命有所不受"，是鉴于当时信息交流极其不便利的情况所选择的机变之道，在如今信息化的时代当然不可主动放弃交流。何况监督也不是监视和挥鞭，信息采集、反馈交流、及时纠偏、指导帮助都是监督的形式。

第二件事是授权的同时要有承担。

尽管本书是站在职场人的立场，来分析个人投入划算不划算的问题，而老板的想法肯定是"不管你是不是划算，只要增加产出就好"，所以对老板来说，需要理解员工实现自我成长是对企业长期的利好，短期压榨式的产出并不是最好的选择。不过我在序章就指出过：职场是为了组织者的目标，或者说整体的利益最大化而存在的，不是为了个人的利益最大化而存在的！因此个人的利益最大化从长远来说，是要和整体利益最大化相匹配的，就这期间阶段性的情况来说，虽然自我立场在前，但追求自我的提升也要在整体利益不受损害的前提下完成。简单点讲，你把部分时间精力投入自身性价比更优的方向时，整体工作产出的总量和效率不可以下降，这就是职业经理人、管理者的承担。就像很多中高层管理者会选择去优秀的高校或商学院读 MBA、EMBA，每个月都要用三四天的时间去集中学习，课余时间还有大量的交流和阅读任务，但是如果因此使本职工作受到很大的影响和伤害，对本人的职场品牌和人格就会造成非常不利的影响。

与授权相对应的承担包括两方面。

一是需要承担起对下属指导和带引的责任。如果授权的工作对组织整体很重要，或者对下属而言存在难度，你作为授权者就有指导下属完成和检查监督进度的责任，也许在时间和精力上你通过授权有所收获，但是在责任和工作宽度上并没有空间和自由度的存在，反而还可能要求更高。这不仅是责任，也是一种需要具备的能力，我见过很多基层和中层干部完全不懂得"授人以渔"，看到不尽如人意的地方就自己干，自己的工作责任心是有了，却未承担指引的责任。

二是需要承担起对差错和失误的责任。承担是作为团队领导者最基本的担当，在我给企业做"团队领导力"培训时，这是重要的一节。为什么要承担？因为你是团队的负责人，就这部分工作来说，整体的责任在你，授权并不意味着责任的推卸，让别人办事，而且明知这事对方也是初次尝试，或者对方需要超越过往的努力和发挥，当结果不如意时却要让别人背锅，这怎么说都是不合道理的。对方的差错和失误要在你的管理范围内进行得失检讨，也可以根据原因——是能力问题还是态度问题——进行合理的内部惩罚，但是在对外、对上的时候，整体工作的后果和责任必须要由授权人承担。

有指导和带引的行为和方法，并且承担风险，这样的授权才是完整意义上的管理行为。

边际效益归零时的决策

当你发现你的职业发展边际效益逐渐降少，即将归零，你的所有投入都成了简单的重复劳动，可见的付出只能换来可以预见的并不能满足你职业规划进度要求的结果；而你也懂得了良好的授权，有指导、有担当，从而解放出了一定的时间和精力，为下一个投入产出曲线的快速上扬做起了准备。但是，你依然会面临几个决策问题：**往哪里去？如何准备？从哪一个点开始可以启动下一个提升阶段？**

在回答这几个决策问题之前，要先把纯技术和学术人员排除在这个课题以外，之前说过，他们的核心价值就在于能力深度、应用广度和效能速度，而他们的投入产出曲线就仅仅一根而已，厚积薄发、越往后越难出成绩是他们的客观特性，没有跳跃迁升的捷径。面对这几个决策问题的一定是管理人员，管理人员才会面对当下是应该侧重横向发展还是纵向发展的方向选择。

往哪里去？首先要解决的就是自己适合横向发展还是纵向发展的判断问题。

横向发展的目标是知识面广、可调配资源丰富、能完成不同人力物力配置下的最佳组合与协调，甚至能跨界创新；而纵向发展的目标是知识量大、对本领域内不同类型的运营方式甚至是上下游的组织方法都完全掌握。本质上讲，纵横之间并不是完全对立的，横向发展的人也需要有足够的纵向专业深度，尤其是早期，纵向发展的人需要横向去找到结合点才有足够用武之地。两者之间是侧重方向的区别。

横向发展需要的更多是适应性和灵活性高、学习能力和统筹逻辑能力强、有创造性思维，核心就是要在面对世间万事万物时搞清楚其分别对我有什么用、怎么用；而纵向发展需要的是研究分析和总结逻辑能力强、自信而有执行力，核心就是要尽可能掌握所有我需要掌握的信息，得到尽可能多的需要的资源。相对来讲，适合横向发展的人更看重事，有好奇心，因事而寻求解决之道；适合纵向发展的人更看重自我，从自我出发去寻求最佳路径。

在企业家中，横向型和纵向型各占一半，但是在优秀职业经理人中，纵向型占比绝对是多数，可能在七八成以上，因为横向型人才容易在不够优秀的时候就"知而不知、似是而非、失之浅薄"，从而泯然在泛泛之中，而足够优秀的人又很可能生出创业之心，最后不再是职业经理人而是成为企业家。

所以，回到终极哲学命题上来说，在回答"我要往哪里去"之前先回答"我是谁"。认真而客观地检视自己的个性、过往发展的历程，以及在成长过程中最为擅长、可以事半功倍的地方，然后确认自己究竟是横向型还是纵向型。如果看不清楚，那么先往纵向型走一段总是不会错的，也就是在本职工作的上下游延伸一下职业技能，即便某一时刻发现了自己的横向型特质，具备某一方面的长项，一专而多能也是很有利的。

接着才是考虑"往哪里去"。

如果你是横向型，那么你的本职周边都是你可以去提升的地方，程度可以不一，根据你的性情爱好和工作需要，你自然会知道在哪里投入更多，但是最好不要有空缺和遗漏，有时工作中需要你了解和掌握的那一块碰巧是你的盲点，你对此一无所知，这种状况会大大降低你的估值。

举例来说，假如你是某个事业部的销售经理，你可以根据下达的绩效和考核管理方法去反向学习人力资源知识，你可以根据预算核算和费用管理去反向学习财务知识，你可以根据日常使用的办公自动化系统去反向学习企业管理流程和 IT 系统架构，你可以根据你销售的产品或服务去反向学习设计、制造，你可以通过比较其他事业部的同等岗位去学习其管理优势，你甚至可以去学一些心理学、法务、外语……所有的这些学习都不需要精深，但是你需要了解其中的关键内容，尤其是原则和精神，这种素质对于未来发展是必要的。因为你的职业远景是公司的销售总监，甚至是高层，而你不知道职业上升的触发点会在哪里，你需要充分领会公司的战略，做好各方面的准备，当机会到来的时候，你所掌握的充分的信息就是你可以和各方有效沟通、协调应对的基础，从而得以展示出你的价值。

如果你是纵向型，那么你需要深入地对本职工作的上下游进行学习和研究，同时与其他职能部门的人保持良好的关系。当你放弃了把时间用在与他们进行专业性交流上时，就必须增加与他们的合作性与情感性的交流，你需要知道哪些人可以为你所用、为你提供必要的辅助和支持。这是你和其他纵向型专业管理者之间的价值互换，你必须要懂得如何达成"双赢"的合作。

仍然假设你是销售经理，你没有去学习各个职能部门的专业知识，那么另一个选择就是将时间和精力集中地投入到对产品的研发、设计、制造、物流等方面的学习上，投入到对客户需求的深入了解上，甚至挖掘出深层次的新需求，投入对竞争对手，以及潜在的跨界竞争的研究分析上……而你发展前景的第一步是这个事业部的总负责人，如果还能往更高层发展才需要进行必备的横向学习。

总体而言，纵向型的发展更为主动，通过产品和服务改进、流程再造、提高销售的范围和效率来体现出自己的价值，而这种体现也比较容易被量化、被显现；相对来讲，横向型的发展就要被动一些，往往需要风云际会、时事因缘，要由特定事件来触发。纵向型人才好比关张赵马黄，武艺越来越高，谁都看得到，自然就能越来越受重用；横向型人才好比诸葛亮，天文、地理、军事、人情无所不精，但是如果没有徐庶的力荐和刘备的求贤，就很难闻达于天下，历史上有治国安邦能力的大才却屈居于一县一地，这样的例子比比皆是。

然后再来说，**如何准备**？其实前文已经提到过最重要的准备工作，那就是**通过学习研究提升管理技能**，尽管学习的方向有所区分，但无论何种学习都是调整自己投入产出曲线的必需。

另一个重要准备工作是**观察和发现**，在低头走路的时候，不要忘记抬头看天、看周围、看远方。"站在风口，猪都能飞起来"，这句话已经非常流行，但是猪是不是站在风口，哪里才是风口，并不是靠运气就行，聪明人会找到风口，甚至创造出一个风口。如果你所在的企业一切都没有变化，理论上讲你也没有任何发展的机会，正因为市场永远在变，企业也永远在应变，而你能观察到的和发现企业应变的方向就是风口。横向型的人做着各种准备，当企业应变举措一出台就能最快、最高效地响应，如果能通过提出有效建议而参与到应变举措的制订过程中，那就更有价值了；而纵向型的人虽然更主动行事，但是也需要随时观察，不能让自己推动的方向与企业的应变策略相违，好比你在深挖客户需求、提高客户复签率，而企业的大策略是拓展中西部空白市场，尽管你做的也不是错误的事，但价值还是很容易被低估甚至忽略的。

还有一个准备是**整体形象改进**。我们所说的因为边际效益降低或趋零而主动为职业提升作准备，前提是你的职位还没有发生变化，如果正在升职的话，那就是为适应新职位而被动补上短板了。无论已升职还是未升职，无论主动还是被动，你的准备工作总是为了下一个更高级别的职位。所以其中一项工作就是根据目标职位的格调、风范和要求，改善自己的形象。

从运动装到休闲装，再到西装套装是一种改善，从嘻嘻哈哈与同事打成一片到沉稳冷静是一种改善，从愣头愣脑、想啥说啥到深思熟虑、言简意赅是一种改善，一切从本部门视角出发到从企业角度看待问题更是一种改善。改善整体形象并不难，最简单的就是找一个顺眼、内在气质接近的高层级同事来模仿，难的是你时时刻刻要有这个心，出门前想想穿着打扮，开工前想想整体和本部门的关系，遇到事情的时候先管住嘴，开动脑，无论高兴还是困扰都尽量保持淡定，避免情绪波动……时间长了，这一切就成了习惯，而领导和周围的人都会感觉到你已经超越了同级的整体形象，不把你放到上一个层级都显得有点不协调，之后的晋升也就水到渠成。

我担任投资总监时带过一个小伙子，他现在已经是一家上市公司投资部的经理了。如今我们见面时，他说当时就是把我当成了他的对标人物。当时他想，他和我一样都是名校毕业，他也经历了投资方面的学习和训练，如果补上一些思维方式、管理方法上的短板，他和我就是一样的人了。所以当时不管懂不懂、有没有什么道理，他从穿着到表达，从开会流程到报告逻辑，一切反正先模仿起来再说，慢慢再琢磨其中的缘由。他说对他帮助最大的一件事，是我当年强制命令他每次开口发言前都必须憋 1 分钟，这改变了他因为思路敏捷而只用直觉思维的习惯，也改变了周围人对他"聪明但是毛糙"的形象认知。

学习储备，改变外在和内在，观察和发现机会，这就是边际效益不经济的时候应该要求自己去做的几项准备工作。

那么，**从哪一个点开始可以启动下一个提升阶段？**

对纵向型人来说，哪一个点都可以是启动点。通过对企业战略或应变策略的理解，根据自己的学习研究和判断，在权限范围内所做的每一项推进工作都可能是启动点，即便未被及时发现价值也不要紧，一项项推进的成果累积起来，在阶段考评的时候也一定会非常显眼。

而对横向型人来说，你的准备工作比较分散，不容易立竿见影地做出成绩，但是你对变革中的组织调整和协调会有很好的响应，甚至还能从本职工作出发，对整体变革给出有效的意见和建议，因此需要等待时机，变革到来或者开始研究变革的时候就是最好的启动机会。

最后必须要强调，所谓横向型和纵向型的区分只是相对概念，并不是绝对地指两类人，从企业的主管、中层级别开始，横向型的人就需要在某些方面纵向加深，纵向型的人也必须要对横向信息有所掌握，否则就不足以胜任中层岗位，更不要说成为高层管理者了。

The Thinking

of

Economics

概念 6

通货膨胀——
薪资、技能如何跑赢通货膨胀

"时间价值"和"回报率"

要更好地理解概念，得从案例说起。

张三种了一年的瓜，他估摸着能卖15万元。水果商人李四过来看了看品质和数量就同意了这个价格，张三也很高兴。不过李四想和张三商量，说张三啊，我也不讨价还价了，但能不能分几次付，这次先付5万元，过半年再付5万元，明年这时候来付清最后5万元？要是非一次性付清，那可得便宜四五千元。张三想想，生产资金差不多也够用，过日子也挺宽裕，要眼看着马上少赚四五千元实在是"肉疼"，而李四是老主顾，买卖做得挺大的，又不沾任何不良嗜好，信用好，很安全，于是就答应了。

从张三的角度看，似乎是没亏，如果钱一次性都到手了也就是放在银行，一年的活期利息都不到1%，不过一千多元，和便宜四五千元比，当然是这样划算。但是李四就大赚了一笔，假如说李四所有的投资每年能赚10%净利润的话，过半年付5万元，过一年再付5万元，等于能多赚7500元！怎么多赚？把暂时不用付的钱用来进其他货就可以了，通过延迟付款，李四可以多做两倍、三倍的生意。就算张三同意便宜四五千元后一次性付款，李四其实还不乐意呢。

这个账，算的就是资金的"时间价值"。分期付款，张三、李四都很开心；一次性打折付款，两个人都觉得吃亏，这是不同人对于资金的时间价值判断不同所造成的。张三判断的时间价值，不过是每年 1% 都不到的活期利息，而李四判断的时间价值，是用来周转和扩大业务的 10% 的盈利。所谓金融，例如银行，就在赚着张三和李四之间关于时间价值差异的钱，给张三这样的人 1%~3% 的存款利息，而收着李四这一类人 6%~9% 的贷款利息，只要低于 10%，李四这一类人都是愿意借的。结果就是张三、李四各取所需。

所以，有着金融意识的人和有着投资意识的人都有很强的时间价值概念，就像上面故事里的银行和李四。从经济学理论上讲，**对资金的时间价值有几种说法：一是认为资金从广义上讲是稀缺的，所以能用于未来增值的资金相对于现在会体现其价值；二是认为资金贬值和通货膨胀是普遍存在的，所以现在的资金会比未来同样数额的资金更值钱一些；三是从心理学上讲，人们总是对未发生的事情存在担忧，事实上也的确有各种风险和不可测因素会影响预期收入的实现，所以在当下要有所补偿。**无论是哪一种说法，都认为资金的时间价值是客观存在的，只是在具体衡量标准上会从不同的机制出发来进行测算而已。

有了时间价值概念，就可以接着说说回报率了。

对于没有金融和投资意识的张三来说，假如种瓜的投入成本要 5 万元，他的劳动和生活要用掉 5 万元，而李四不管如何支付，在一年里给了他 15 万元，那么对于张三来说，他用属于自己的一块地，加上 5 万元的成本和相当于 5 万元的自我投入，换来了净赚 5 万元的结果。因为地没法再增加，张三净赚的 5 万元除了存银行也没什么别的去处，最多就是攒够钱盖大房子而已，所以如果一切没有什么变化，张三每年的回报率就是这样子，和李四怎么付款的确关系不太大。

而对李四来说，就截然不同了。张三的地就那么多，但是李四能采购的可不止张三一块地的产出。原本李四的 15 万元只能和张三一家做生意，一年赚 10%，也就是 15000 元，但是分期付款以后，他的 15 万元能用来和三位张三这样的瓜农做生意，一年能赚 4.5 万元，就是 30% 的回报率。假如银行看李四这么会赚钱，同意按 6% 的利息借给李四 10 万元，李四的回报率还能提高 2.67%。

所以从本质上讲，基础的回报率是从单独业务来看的，而实际回报率就要从整体的投入产出来看，投入越小，产出越高，实际回报率就越大，而要实现小投入和大产出，就取决于对资金时间价值的利用效率，用金融的讲法就是"杠杆"的作用和"不同成本资金组合结构化的综合收益率"。

但这个实际回报率并不真实，真实情况下要说的是"复合回报率"，而这又牵涉另一个时间概念。之前所说的回报率只反映了一个固定期间的收益水平，事实上一个生意、一个项目会持续很久，而时间会把前面的收益复合叠加到整个过程，在若干期间后会产生惊人的效应。有人炒股追求每年 50%，甚至 100% 的收益，不然不过瘾，但他同时承担着巨大的风险，那些赚钱的股民几年下来也赚得不多，不要说更多"炒股炒成股东"的套牢亏损户头了；而如果你能做到低风险的 10% 的年收益，你的资产翻番只要 7 年多，15 年后是现在的四倍。这就是时间的巨大力量！

所以从经济学角度看，你的生产和运营能力、风险控制能力、财务杠杆使用能力以及你对长期目标的心理设定，决定了你的合理的回报预期，例如今年目标盈利 100 万元，明年 200 万元……10 年后要跻身行业前列，达到每年 3000 万元的盈利，那么根据你的投入和以后的追加投入，可以倒推出这 10 年里的目标复合盈利率。而这就是你眼中资金的时间价值。

在职场经济学中，时间价值所衡量的就是你的投入产出比。在"资本还是成本"和"边际效应"的章节里都提到过职场的投入产出比，但前一个说的是宏观理念，后一个说的是当期的测算，而本节所说的投入产出比是指一个相当长的职业生涯里你对自己发展的评估。

职场的投入包括你的体力精力、时间成本、学习和工作中总结和积累的经验等，其中金钱投入是很小的一部分。印度导演 Tarsem 说过这么一句话："你出了一个价钱，不是只买了我替你工作的这段时间，而是买了我过去所有生活精华的结晶——喝过的每一口酒，品过的每一杯咖啡，看过的每一本书，去过的每一个地方，谈过的每一次恋爱。"所以你的投入远不止时间和金钱而已，而且你的投入还在不断增加，成长足够快速的人，他的投入增值会远远超过其他人。

　　而在产出中，薪酬固然是最重要的部分，但同样重要的还有获得的职位进步、社会地位、工作和学习技能的提升、抗风险能力等等。大家都知道马斯洛需求理论那个金字塔模型。以职场来说，最底层生理要求和第二层安全稳定需求很大程度上维系于薪酬，而在第三层社交需求中，和爱情、友情相关的部分与薪酬关联度很大，但不完全取决于它；而第四层的尊严需求，你希望获得的被尊敬、被需要、被认可的感受，就和外部地位相关；在职业生涯一定阶段时，你会追求第五层自我价值的更高实现。在做中长期规划的时候考虑产出，你要将需求定位在至少第四层之上，社交、尊严、认可等内心的需求要素。靠唯唯诺诺和纯卖苦力换来的职位晋升，给不了你要的外部地位；靠利益交换得来的外部地位，也未必能满足你内心所需要的尊严。另外，工作和学习能力的提高也是产出，这部分产出可以直接转化为对你投入的估值；抗风险能力则相当于保险，10 万元年薪仅仅是 10 万元而已，而随时随地具备获得 10 万元年薪职位的能力，这个价值可远不止 10 万元了。

　　那么，现在大家从眼前的投入和产出情况往回看，回到初入职场的那一天，你对迄今为止的复合回报率水平可还满意？如果你要求自己有一个更高的复合回报率，从现在起又该如何提高时间价值呢？从回报率的来看很容易得出结论：第一是保持正向，尽量不要出现回报的负值；第二是提高每一期的回报率；第三是不要中断，持之以恒，才能让累积的效应最大。

职场时间价值定律一：市场趋势和企业战略是投入的基础。

市场趋势和企业战略，是保持增长方向的最大影响因子。身在职场，犹如身在船上，个人努力虽然可以有所作为，但是整条船是处于下沉状态还是顺风扬帆，很大程度上是不受你的意志所左右的。

顺势而为，事半功倍。根据市场的趋势、你从事行业的发展动态、企业战略的方向投入，这是职场投入的基础。只有极少数有智慧的人才能逆势而上或者开创出新的天地，正常情况下你不会是那样的人。我不忽悠你，所以你可能会觉得这话不好听或者不够提气，但这是大概率的事实。你要相信市场和行业趋势不是你凭一己之力就可以改变的，所以不违大势的情况下寻求更好的调整，同时保持自己的能力增长是可行的选项；你也要相信企业老板和高管的能力远超于你，如果你看不懂或者不理解企业的战略，更大的可能是因为你没有掌握到足够的信息，或者不具备看到更深一层的能力。要是你对自己的意见很有信心，我也非常鼓励通过合适的渠道和方法表达，但是不要对抗。你说如果我确信企业的战略非常错误，但我又改变不了怎么办？假设你的判断完全正确并且你履行了职责，那么就离开这个会让你回报率转负的地方，去寻找能让复合增长维持正向的机会。

经济学里的时间假设是"永续的"，但事实上我们每个人的职场生涯都是有限的，40 年左右而已。除了纯技术和学术人员会通过看似缓慢的时间复合叠加效应而产生巨大的能量以外，其他大多数职场人的发展都会伴随着成长的进程有一次或多次的跃迁和跳转，而他们的风险比单纯的学术和技术人员更大。所有的机遇都是和风险相伴的，看错趋势或者做错选择都可能遭遇重大的损失。所以要在有限的时间里走出漂亮的发展轨迹，懂得规避风险比勇于投入更要紧！

职场时间价值定律二：牢记薪酬不是唯一的产出。

我经常跟我的下属和学生们讲这样一句话："年薪 10 万元不是你的身价，随时随地能从事一份年薪 10 万元的工作才是。"

如果你对产出的界定单纯是薪酬，那么在没有加薪升职的阶段，就意味着你的投入产出比没有任何提升，而事实显然不是这样。无论是你在快速提升阶段所付出的艰苦努力，还是你在边际效应递减时所做的学习和调整，只要有现实业绩的体现，有领导的认同，有同事和外部人员的口碑，那就能证明你的实力在提升，这些都是产出。那些看不见的产出，改变的是你投入的效能和附加的价值，当价值到了，薪酬和职位方面的体现就是水到渠成的事。而在那之前，你的产出应该是一根向上的斜线，而不是到了某一天突然一跳。从量变到质变，就是时间价值的作用。

只有牢记这一点，你才会对自己每一天的进步充满欣喜和信心，不会在困顿和蛰伏期丧失坚持的勇气。时间价值，是因为时间的持续而存在，一时的快慢得失放在时间长度里并不会有特别的影响。

　　职场时间价值定律三：永远比周围人的效率高一点点。

　　如果你没有明显超越常人的能力，那么就比他们的效率高一点点吧，时间会给你一份出乎意料的礼物。有一个著名的说法是：如果你每天将效率提高一点点，从 1 做到 1.01，在一年后会变成 37.8，但如果你的效率每天都比别人低一点点，是别人的99%，一年后你就只有别人的 3%。这是时间价值的力量。

　　我以前的学生中有两位办公软件达人。一个玩转了EXECL，他从菜单里按照工具按钮顺序一个个开始尝试运用，每天琢磨一两个，逮住实际工作上的机会就进行操练，到最后对于各种计算、各种图标、各种透视分析都很精通，成了公司财务部和市场部眼里的大红人。另一个把审美能力用到了 PPT 上，自己攒了无数的模板、字体和图片，也一项项研究了软件的所有功能，每次看到本部门和公司的 PPT 不够美观大气就会稍作调整，看到外部有什么好的演示文档就想办法拷贝来学。当她所在的公司出了经营问题，其他人愁眉善脸的时候，她已经凭借这手PPT 的制作能力重新找到了工作，业余时间还能兼职赚钱。这两位达人都不是科班专业，分别用了大半年和一年多的时间才小有所成，而在这中间的每一天他们其实都只能看到一点点的进步，没产生任何具体收益。

我们身边有太多反面的例子。有多少人微信头像是"不瘦20斤不换头像"，但是又有几个人实现了减肥目标？有多少人从买了健身卡的第二个月起就几乎再也不去健身房了？健身房接待一个客户的成本是每次20元左右，而多数的年卡都是按照2000元到3000元的价格在销售，折合到每天只有6~8元，如果每个会员都天天去的话健身房铁定亏死，而它能赚钱的原因就是很多会员不去。

在心理学上有个名词叫"**最小可觉差**"（JND），而这也是行为经济学研究的一个重要现象。有人在买20元的午餐时店主少找了10元零钱，他可以郁闷一下午；而他定了张1000元的机票，因为忘了把某网站的默许打钩去掉而多付了10元用不到的贵宾礼券，他也许皱皱眉就算了。你每天辛苦工作8小时，从中花10分钟提升一个小小技能，你每天三餐和下午茶多吃一块高热量甜品，这些都可以进入"最小可觉差"的范围，而在时间价值的作用下，终有一天你会发现一种"明显可觉差"。而大多数的明显可以感觉的差别，都不是一两天就可以做到的。

每天健身一小时或者每天走10000步，你的形象都会大有不同。还有些更小的优化，例如有的人要求自己每周看完一本书，有的人要求自己每天做工作总结，有的人每天要背20个英语单词，甚至有的销售要求自己每天比同事多打20个电话……所有这些不起眼的行为，在时间的帮助下都能换来精彩的、可以改变职场人的人生的回报。

职场中的通货膨胀

经济学中的时间价值和复合回报率，抵抗的是"通货膨胀"这个最大的敌人。

什么是通货膨胀？就是流通中的货币数量超过实际经济需要，从而引起的货币贬值和物价上涨。那么控制住货币数量不就行了吗？事实上是做不到的。

首先，实际经济需要多少货币根本是无法测算的；其次，所有人都认为未来可以发展得比现在更好，当下的投入都能在未来获得回报，于是在每一个当下都会产生对货币的超额需求，而事实上一定有很多投入在未来得不到应有回报甚至会亏损，这样累计算起来就不一定均衡；最后，现有的货币制度是以信用体系为基础的，而信用体系本身就是为了提供超额的、为未来所准备的货币而存在的，货币是通过信用发行出来的，只有假设以前黄金是唯一货币并且黄金的生产速度永远没有社会财富增长的速度快，黄金才有可能一直增值。

李四买了张三 15 万元的瓜，或许这件事情只需要 15 万元的货币就可以完成。而李四通过分期结算的方式提高了资金效率，如果他能说服王五、赵六也这样卖瓜给他，他就用 15 万元做了 45 万元的生意。而假设原本有另外两个人分别带着 15 万元准备买王五、赵六的瓜，现在他们只能要么去买别处的瓜，要么干脆换个行业。总之原来要用 45 万元货币来完成和张三、王五、赵六三个人的交易，而现在就这个环节来说，多出来的 30 万元的货币没有对应所谓实际经济需要。

因为商业模式的革新、技术的进步和产品的改良，像李四这样用小钱扩大规模或者取得更大利润的事情每天都在全世界发生，所以货币永远都超越着前一秒的所谓实际经济需要。学术上有各种复杂的理论，关于通货膨胀有需求推动、成本推动和预期推动等成因，而表现形式也有不同的特征，这里我不再展开，只要大家明白"通货膨胀是长期存在的"就可以了。低通胀、零通胀以及通货紧缩都是部分地区、某个时段的现象，而通货膨胀是整个经济社会、长久历史时期里的普遍现象。

那么在职场经济学中，职业提供者的数量在大多数时间里也一直超出着现有岗位的需要，只有少数阶段、少数岗位会出现人才难求的现象。

少数阶段是哪些阶段呢？某个行业或者企业正在起步或者快速发展的阶段，例如改革开放初期，外语和外贸人才的需求很大，前几年互联网金融热潮时，银行和保险公司人才被高薪挖走。少数岗位又是哪些岗位呢？专业性要求越高的技术或学术岗位、处理综合性复杂性问题的高级管理岗位，适合的人才越难找。除了这些特定的阶段、特定的岗位，一般情况下企业都是"朝南坐"

的，会在一大堆简历里挑挑拣拣、面试筛选，而职业提供者则需要彼此竞争，努力展现出一点点的优势，而且对薪酬并没有太多的议价权。

这就是职场人面临的通货膨胀问题：你的职业技能是在不断贬值的。贬值的原因在前文中有讲过，外部来说就是供给不断增加与替代不断出现的供需不平衡因素，内部来说就是边际效应引起个人价值提升受阻，所以总的来说贬值无可避免。

很多专业，像外贸、会计，都曾经是高考时的热门，而不少人到了毕业的时候却发现专业已经不那么热了，就业竞争很激烈。这是因为职业需求旺盛的时候，很快会有各种渠道增加供给，学生们在校园里的那 4 年，外面正在进行通货膨胀，毕业时就看到了贬值这样一个结果。

再比如，我认识不少 HR 经理，有些人通过混圈子或者学习面试技巧从而提高招聘技能，有些人学习了法律从而成为处理劳动纠纷和员工激励计划的专家，还有人钻研培训从而成为兼职的讲师，当然，反面例子就是有几个人十几年如一日的只会做工资、照搬 KPI 做考核。他们坐到一起，前者都实现了升职加薪，后者薪资没长进不说，还面临着岗位岌岌可危的问题。后者其实也没做错什么，但是在职场的通货膨胀面前，没有进步就是不断退步。

关于通货膨胀这件事，除了你的职业技能在不断贬值以外，还有另一个同样无法避免的痛苦的问题：**其实你的薪酬也无时无刻不在遭受着通货膨胀的侵蚀。**

在传统经济学中衡量投资回报，首先就是要跑赢通胀，如果你的投资回报率是 3%，而每年通货膨胀率是 4%，那么等于你每年都没有赚到钱，反而亏损一个点。那么你的薪酬有没有因通货膨胀而亏损呢？

我在念大学的时候，1991 年刚入学时一块大排是 0.35 元，而到了 1995 年毕业时，一块大排已经涨到了 2.4 元。那段时间是经济转轨、物价上涨最快的一个阶段，而同样那段时间上海普通工薪阶层的月收入大约从三五百元升到了一两千元，生活物价平均涨了 3~8 倍，而工资平均涨幅是 2~5 倍，已经输给了通货膨胀。

仍然以上海地区小餐饮店的大排举例，即便是在那段特殊时期以后，1995 年后的 20 年间，一个人一顿饭的平均价格大约是从 2.4 元升到了 8 元，平均物价上涨的幅度大约是每年 6%。那么按照 6% 来计算，如果你是一名普通企业职员，1995 年你的月收入是 1200 元的话，到 2017 年月收入 4600 元才能与之基本持平。而 1995 年上海的月均工资是 773 元，你比平均线高出了 55%，可是到了 2015 年，上海的月均工资已经是 7132 元，你的 4600 元低于平均线 35%！

可能你会说，现在企业里的普通文员收入好像差不多也就是这个数字吧。我要告诉你，就算你达到了平均线，其本质仍然是天差地别：其一，随着社保与税收的完善，你的实际收入与合同薪酬的比例比当年下降了不少，可支配收入要达到这个增幅，你的合同薪酬要增长更多；其二，物价上涨的统计是不包括房地产在内的，如果现在是这个收入水平的话，那么不要说购置房产，租房都是一件很困难的事情；其三，这是对同一个范围内的商品进行的对比，而不能衡量那些 20 年间不断新生的消费品，换句话说，这个增幅仅仅能维持 20 年前的生活水准，汽车、家电、电脑、智能手机这些都没有考虑在内，而且即便是日常消费品也不可同比，就拿肉类来说，普通大排以外的升级消费品例如绿色肉、有机肉和进口肉，你都消费不起。

那么，如果 1995 年的 1200 元月工资代表了一个普通职场年轻人中等生活水平的标准，那么到了 2017 年需要多少钱才能与之对应呢？有人说起码一两万元，也有人说七八千元差不多了，我经过多人次访谈后得到了比较集中的答案区间——如果是在上海并且不考虑购房的话，需要 10000 元左右的税前月薪才能几乎与之对等。

请问，有多少家公司的普通职员薪资可以达到每月 10000 元？不多见吧。如果这 20 多年来你在某家公司一成不变地做着一个普通职员，即便考虑到老员工的因素，给你加点薪，也没好意思裁你，那么从 1200 元到现在能拿着六七千元的月薪已经是相当不错的待遇了。就这样，还需要这家企业不垮、不倒，也没有经历并购、精简才行。

怎么办？你的职业技能在不断经历通货膨胀的贬值，你的薪酬收入也受到通货膨胀的侵蚀，怎样才是应对之道？

抵御通胀的唯一方法——晋升

对于职场人来说，晋升，的确是抵御通胀的唯一办法。唯有晋升，才能实现薪资的跳级提升；唯有晋升，才可能实现社会阶层和人际圈层的跃迁。

谁都认可这个结论，但是能实现晋升的人群比例依然会遵从"二八定律"，每一个群体中都只有20%的人能进入更高层级。有人说关键原因是高级管理岗位数量本来就少，这倒置了事情的因果关系。根本原因是具有内在动力并且会自我管理、自我督促的人一般不超过20%。如果有大批的职场人都懂得自我提升和进步，就能支持更多的优秀企业出现，从而促使更多的高级管理岗位产生，那时基层岗位可能要从更不发达的地区或者是其他发展中国家去引进人了。

那么，如何实现晋升？笼统来讲这是一个综合性的系统工程，你需要合理规划，需要提升内在，也需要掌握各种管理工具和方法的辅助。有时候在很多方面都提升了不少，却久久不见开花结果，有时候只不过某一方面提升了一点点，效果却立竿见影，命中痛点。所以，没有捷径，有命有运，不能因为三分"天注定"就放弃七分打拼；而打拼的那七分，要先看到观念差距，再找路径。

观念差距

黄江南教授提出了"观念经济学"这样一种经济哲学的思想，

其中有两个观点我深感赞同：**第一，观念是有价值的，即便不是有形的知识产权或产品，观念本身也是主导经济行为的价值因素之一**。有些国家之间的差距，决定因素在于国民观念，当某些观念改变的时候，尽管没有看到资本、劳动力和其他禀赋要素的差异，经济能力却有了脱胎换骨的变化。我仍记得德国大众开始在上海开厂的时候，仅针对严守劳动纪律和严格按照流程操作这样的基本观念就进行了相当长时间的建设，而这些在现在都已经成了我们每个人工作的基本观念。也就是在这段时间以后，我国的制造业开始了腾飞。**第二，观念的价值遵循另一根价值曲线，价值和需求是同步提升的**。一个观念被越多人认可、认可度越高，这个观念的价值也越高。在经济学上就有某一个经济学说被广泛认可后，会出现人群的行为和现实中经济上的表现更加支持这个学说的现象。

一个职场人的观念是他价值的很大组成部分，尤其是管理干部。并且当他的观念能输出且影响到越来越多人的时候，他本人的价值也越高。因此，发现自己在观念上的差异，就是实现提升的关键步骤。

在我待过的每家企业里，都有很多任劳任怨、勤勤恳恳的员工，他们从不主动提出建议或者请命去承接更有挑战的工作。他们大部分也很难往上走。但总有那么几个，会琢磨怎样将事情干得更好，会提要求、提建议，也会很开心地去争取新的工作机会，这些人基本上都会成为管理骨干。

我刚入职场的时候，一直很敬仰我们财务部的经理，他总是会从董事长的角度出发看待自己的工作。比如，我不止一次听到他说："这个意见究竟要达到什么目的呢？"然后他会思考本部门还应做些什么来配合整体要求，甚至会考虑如何侧面推动其他部门来一起调整。在很长一段时间里，我一直认为那是副总经理才要考虑的问题，结果没几年他就真的成了副总经理。

从目前职位到想晋升到的那个职位，需要考虑四个方面的观念。

第一个，**主动和被动的工作意识**。在企业培训的时候，我说到这个话题，总有几个人会露出"看看，又找了个人来给我们洗脑了"这样的神情。然后，我会告诉他们，"业绩是企业的，本事是自己的；所有职场人都在为企业做出客观贡献的过程中，实现着主观上自己的成长和提升"。不信你可以看看你身边高层级的干部，是被"拉"上去的，还是主动"跑"上去的。

第二个，**全局和局部意识**。高阶职场人都有"身居一隅而心怀天下"的气质，有了全局意识、对企业有一定的整体性的战略性的理解，才能将自己工作范围内的事情做到符合预期甚至超出上级的预期。那种眼里只有自己这一亩三分地的人，片面地认为一味争取或维护局部利益就是领导力的人，走不远。

第三个，**理性和感性思维的差距**。一般人都喜欢凭感觉做判断，这样很轻松。我在序章就说过，要克服直觉习惯才能形成经济学思维。所谓直觉、感觉，就是从你以往的经验和技能出发做出的判断，越是初级职业经理人，经验和技能越不足，判断错误的可能性就越大。而理性思维就比较累了，需要采集数据和事实，经过分析和思考，可能还要向他人咨询和学习，才能得出结论。但是这个过程不仅能让判断更加正确和完备，更能增加个人经验和提升技能。一直习惯纯粹感性思维的职场人，我认为没有前途。

第四个，**工作节奏快和慢的差距**。初级职场人会认为快就是效率，因为从领导角度看，一声令下便立即行动一定是最好的，所以很多人都有了先干起来再说的习惯。高阶职场人就不会这样，快之前一定会先慢一下。什么意思呢？慢下来进行理性分析和判断，还要进行模拟、推演，甚至测试，至少会在脑子里过一遍，才着手去说、去做。

以前我带领的投资部团队，五六个小男生，每次开会都争先发言，讨论气氛很好，但是内容都不够扎实，想到哪里说到哪里。后来我定了一条规矩：不管什么报告必须先写提纲才能动笔写正文；不管在什么场合，每次开口之前必须静默 1 分钟。后来有个小伙子成为上市公司投资部经理，回来跟我说起当年，说对自己帮助最大的是这个规矩。现在我也这样建议你。

看到了观念差异，接着就要找到实践的路径。

在管理学上有个名词叫**"对标"**，就是在现实中找一个能较好展现你想成为的样子的标杆。在职场中，大多数人设立了一个自己期望的发展目标以后，为了让自己的目标更清晰，就在现实中找到一个和目标最类似的人，比如直接领导、敬仰信服的企业高层、外部的前辈老师等，对比差距后去接近靠拢，这是让自己快速成长最直接有效的办法。

而实践的路径，只需要跨过四个步骤的距离。

第一步，**心理暗示**。

如果你不相信你具备提升的潜质，那么你永远也到不了对标人物的层级。自信是任何一个管理岗位的必备素质，否则混迹在普通人群中完全引不起注意。相信自己的资质，相信曾经的学习和经历的价值，是起步的前提。这个相信有多重要？很多年前美国有做过这样一个实验，研究人员在一个班级里煞有介事地指出了一半更有学习潜力的孩子，其实这些完全是随机的。可是在若干年以后，研究人员发现这一半孩子的成绩明显超出另一半。这就是心理暗示的作用。

第二步，**模仿换位**。

仅仅在心理上暗示自己而没有行动的话，就和阿 Q 先生一样可笑了。行动，从模仿和换位开始。你与对标人物之间一定要保持高频次的接触，这样你才能了解和习惯他的言行举止，体会对方的思维方式和管理、决策模式，如果不能从内在进行模仿的话，光学个样子是不够的。而在模仿的同时，还要换位思考：假如我是领导，我会怎样看这件事，会希望我的下属怎样做呢？如果你按照他的所思所想做了，就能脱颖而出了。为什么很多领导者都经历过秘书这个岗位？因为秘书是能最经常、最近距离模仿和体会领导思路和做事方式的人。

第三步，**自我管理**。

将模仿行为和换位思考后的结果落实到行动，并且通过自我管理逐渐形成工作习惯，少说多想、表达清晰，计划高效、有条理，结果导向、懂得自我检讨和听取反馈等。自我管理的提升，是通过移植管理工具的使用方法和思维模式而实现的，有些资质出色的人还能做到推陈出新，根据新的管理态势自行调整甚至创新。当你掌握了高阶的自我管理方式以后，你会发现眼前的工作处理起来驾轻就熟、游刃有余。而这些自我管理的习惯一旦成型，你就已经达到了更高一级管理者的标准，所缺的只是一纸任命而已。

第四步，**管理输出**。

所谓输出，是将你已经形成的自我管理习惯，通过你与其他人、其他部门的工作交流，影响更大的范围。你的工作流程和方式，让其他人都觉得高效合理，且愿意配合你一起完成工作；你的思路和管理方法，能取得各方面的认同，各方都能接受由你来协调、统一意见和行动。当这种影响力得到确认的时候，说明你做到了管理输出，在上级的眼里，你的提升已经水到渠成。

不过要注意的是，管理输出有两个方向。一个是强输出的方向，就是对本部门的下属，你的影响程度要高。好的管理者，他的团队就如同贴着他的标签，像电视剧《亮剑》里李云龙指挥的部队，从干部到士兵，走到哪里都会被人认出来。而另一个是弱输出的方向，那是指工作中的合作者、相关部门，他们都有一套自己的管理习惯，所以能有多大的影响程度并不一定由你决定，有时候过于追求输出反而会有负面效果。所以弱输出的目标是能够尽可能大范围地让大家在不同程度上认可你。

这样的四个步骤，在你职场成长的道路上是不断循环的，伴随着你晋升的每一个台阶。合理的职场发展速度，在我看来是以每 2~5 年完成一次晋升为标准，2~3 年升一级、薪资标准增加 30%~50% 是比较满意的，5 年升一级是最低的要求。如果你实际花费的时间更久的话，那你就可以认为自己没有跟上时代、经济和通胀的步伐。

The Thinking of Economics

of

Economics

概念 7

不确定性和风险厌恶——
舒适圈外的世界更精彩

不确定性和风险的区别

经济学里有两个概念："**不确定性**"和"**风险**"，就连很多经济类专业的大学生也常常混淆，讲不清楚它们究竟有什么区别。

有的经济学家说，不确定性和风险就是同一个概念，所谓风险就是付出与收获之间的不确定性。这种不确定性有两种形式，一是付出的成本或代价存在不确定性，有可能符合预期，也有可能超出本来估测的范围，二是获得的收益也存在不确定性，受内外因素影响而最终产生获得超额收益、有收益、没有收益或发生亏损等不同的结果。因此，风险就是不确定性。好比你想开发一款 2500 万像素的手机，主要用于满足青年的摄影需求，你以为 1 亿元用于研发就够了，结果 2 亿元都不够；等到上市前一个月，看到华为 Mate20 Pro 直接四个摄像头、4000 万像素……两个方向上不好的不确定性都遇见了。

也有另一种观点。首先，不确定性是广泛存在的，世间万事都有不确定性，而可能影响到你付出与收获之间关系的因素完全不可穷举。举例来说，你从家出发去公司，走路 5 分钟能到地铁站，地铁 5 分钟一班，一共有 5 站的距离需要 15 分钟，出站走 5 分钟可以到公司，所以正常情况你付出了半小时的时间、走路的体力和地铁的车费这些对价，就可以达成"按时上班"这个结果。而事实上不确定性太多：如果是雨天，你走路的时间会需要更多，地铁可能因为故障而延误，某一站的人流过大会造成停站间隔拉长……

你可以根据历史数据来分析雨天的概率及其对走路时间的影响、地铁故障的频次和你上班时间段的站点的人流情况，对比你能接受的情况，从而得出你的判断。如果贵公司对于考勤极其严格，那么你就只能把雨天影响到的走路时间的最大值和上班时间段人流影响到的等待时间的最大值作为参考标准，于是得出了40分钟是你需要准备好的时间付出这个结论，一旦碰到地铁故障就一定要拿好证明以免影响考勤。这些你可以考虑到的因素，并且能够通过一定的方法去计量其发生的概率和可能造成的影响，就被称为"风险"。

但是有很多其他情况，也许有人跳轨轻生，也许突发大面积停电，甚至也许你在走路时不小心崴到了脚或者高跟鞋断了跟，这些事情同样可能发生，但是你既不能预测概率，也无法准确预见结果，就像崴脚可能只耽误几分钟，也可能严重到不得不全天请假。这些就是更多的"不确定性"。

在传统经济学中，我更倾向于接受这个观点：**不确定性是广泛存在的，而风险是其中"能够事先预见呈现的状态，并且能够根据经验知识和历史数据较为准确地预估其发生的概率"的那些不确定性。**

所以，风险是可以被管理的，这些不确定性可以通过管理去变成相对可确定的结果。这种管理的能力，取决于不同的人各自的经验、知识、分析能力和掌握历史数据的情况，优秀的人管理风险的能力更高，而普通人的管理水平相对较低，而完全没有风险意识的懵懂人士就几乎不会进行风险管理。

还是拿上面那个例子来说，完全没有风险管理能力的人每天都提前半小时出门，结果是每月都有三五天会迟到几分钟，被处罚的同时只会怨天尤人，大呼倒霉，却不觉得自己有任何问题；管理水平较低的普通人会意识到存在的风险，于是为了不被扣工资就每天提前 50 分钟出门，虽然避免了迟到的风险，但是牺牲了睡眠时间，常有人说"早上多睡的 10 分钟价值千金"，经年累月的这个损失也不小；而优秀的人就会去留意历史数据信息，并且用概率来分析，从而得出"40 分钟预留时间相对合理"的结论。

而那些不可被管理的不确定性，就需要用到情绪管理、危机处理能力，例如备选方案和替代改变，以及通过日常积累来构筑对抗不确定性的资本。比如崴脚以后，保持平常的心态而不是把郁闷和愤怒带到工作和生活中去，这就是情绪管理；是否可以打车、是否有开车的同事可以拜托，这就是备选方案；是否把另一项外勤工作申请到今天来进行或者干脆去医院检查，开具病假单，这就是替代改变；而平时优秀的工作业绩，以及与主管领导之间的良好关系，可能会换来某种谅解或者变通处理，这就是用日常积累的资本来应对不确定性的危害。同样，越是优秀的人越能具备这些意识和做好相应的准备，处理不可管理的不确定性的能力也越强。

在职场经济学中，每个人在职场上的付出和收获也面临着无数的不确定性。

你以为可以轻松应对的工作，由于你对困难估计不足，或者是其他配合不到位，结果需要大量的加班和反复的调整，所以那些非常辛苦的程序员和设计师就对甲方有着各种吐槽；你为升职加薪做好了规划和加倍努力的准备，但是受限于你并不完全了解你希望达成的那个位置是什么状况，很多工作内容和压力都超出了你的想象，比如那些一直以为当了领导会更轻松的人，随着不断地比照发现自己的能力和思维缺失，会不得不投入远超出预估的时间和精力去追赶目标。这些是付出的成本和代价的不确定性。

即便你付出再多，仍然有收获有限，甚至是一无所获的状况。你付出了一个销售人员的全部努力，但是依然未必得到你想要的结果，原因很可能是你被派在了一个错误的地区，而你承担了更高一级决策失误的后果；即便你的业绩异常骄人，也有可能面临内部其他人员的倾轧，上级出于摆平的心态而没给你足够的回报，还可能因此而认为你非常适合一线而不愿意对你进行提拔；甚至国家的税收政策调整或者严格的税务检查，都可能让你预想的收获在实际到手时大打折扣。这些就是获得收益的不确定性。

还是那两句话：**通过增加自己的经验、知识，提高分析水**

平和掌握更多信息来加强自己的风险管理能力；通过提高自己的情商、危机处理能力和日常积累资本来对抗其他不确定性的损失。

前者，需要你养成观察和思考行业态势和本企业环境的习惯，长期的观察会使你积累足够的数据信息，而思考会让你提高分析现象背后本质的能力，由此你才可能想到多种风险因素以及它们会带来的影响，从而在工作中懂得趋避，抓住核心关键点，控制和避开高危点，提高付出的效率，争取更多的收益。后者，则需要你加强个人素养的修炼，在日常工作中增加人脉交际和各种资源的积累，才能在完全不可测的意外发生时从容面对。

有三类人应对风险和不确定性的能力比较强。第一类是金融和投资领域的从业者，他们所面对的世界瞬息万变，他们的职业要求是快速做出决定，而不是像实业企业那样有一段时间来应对；第二类是医生和律师，他们的专业就是去处理风险，要尽可能地考虑到各种风险并且准确预测，过度医疗和跨越法律雷区都是他们职业的大忌，还要为想不到的不确定性做好预案；第三类就是企业的管理决策者，企业管理涉及的头绪太多，除了事还有人的因素，好比说用个系统自带的字体都可能招来某些公司的诉讼，你完全不了解的时候，这件事就有不确定性，当你有所耳闻之后就需要将其纳入风险管理。职场人的身边如果能接触到这三类人，可以潜心学习一下他们的思维模式和应对策略。

风险厌恶对职场选择的影响

人们在进行经济活动的时候，永远会面对那些可以预计的风险和不可预计的不确定性，有偏好风险的乐观型人士，也有对风险持中性态度的纯理性人士，但是大多数人的思考方式会遵从"**风险厌恶**"的心理。这也是传统经济学与行为经济学最早相容相接的研究领域之一，并通过冯·诺依曼 - 摩根斯坦风险效用函数来描述和揭示三种不同心理因素引发的经济行为表现。

所谓风险厌恶，就是面对预期收益和潜在风险的时候，对风险表现出较低的容忍度，经常为了可测的低风险而选择低于风险收益比的选项。前言中提到过的那个例子里有两个选择，选 A 可以立刻获得 100 万元，选 B 有一半的机会获得 1 亿元，而另一半可能则是分文不得，很多风险厌恶者会选择 A。如果把 A 选项中的 100 万元调高到一个相对更具诱惑力的数字，例如 200 万元、500 万元、1000 万元，还会有越来越多的人选 A，哪怕这依然离理性的风险收益 5000 万元很远很远。

有种理论解释说，风险厌恶的心理起因形成于人类出现最早期的远古时代。在那种生存极其艰难的情况下，谁要是哪天多打了一只兔子，这固然很好很开心，但也不见得有什么"人生赢家"的感觉，当年又没有冰箱可以保存食物，而且因为有野兽蛇虫和风雨洪震的多种伤害，人类的生活并不见得会因为这只兔子就能有多大改变；但是如果寒冬时节好不容易打到的那只兔子竟然是装死，没等你走过去就逃跑了，这就使你有很大概率要面对饿死的惨状。因此打一开始，"获得"和"失去"这两件事在人类心理上的地位就是不平衡的，人类对失去的恐惧要远大于对获得的欣喜。

所以，我们可以看到风险厌恶是普遍性的大众心理。几乎所有人在咨询理财产品的时候，都会问一句：本金有保障吗？然后当理财顾问告诉他，保本型的产品是购买国债和银行大额存款，年收益率是 3%；进取型的产品会有一些风险投资在内，有八成的概率能获得 10% 的年收益，但是也有两成的概率会亏损 10%。简单计算一下都知道，进取型产品的预期收益水平应该是 6%，但是风险厌恶者会放大对亏损概率的关注。我是来理财增值的，怎么非但没赚到钱反而亏损呢，于是会无视理性的结论，心甘情愿接受低于通货膨胀率而实质上没赚到钱的保本型的产品。

风险厌恶者的选择往往应了那句话："理智告诉你不应该这样做，但你仍忍不住去这样做。"风险厌恶者总是认为自己的做法是有道理的，但却和绝大多数人的想法一致，然后大家得到同样的结果。多数人都得到的结果一定不会是什么太好的结果，而且会让他们在看起来没什么损失的情况下最终失去所有的机会，永远没有进步。

职场经济学中的风险厌恶，集中体现在两个方面。

第一是出于对可能付出的成本和代价超出预计的风险厌恶，

而总是选择可以留有余力轻松完成的计划,构建出自己的舒适圈。比如职场人很多都不愿意承担分外的工作、没有做过的工作,他们未必是做不了,只是不确定这些工作会让自己搭上多少时间和精力。

第二是出于对得不到预期收益、没有收益和可能损失的风险厌恶,而放弃更高期望,同时也放弃了不断提高自己的意愿。比如较低底薪、较高提成的工作总是会被很多职场人抗拒,底薪降低是既定的,而高额提成并不一定。

这两种风险厌恶的情绪都会归集到几种表达形式,好一点的叫"恪守本分",普通点的就是"按部就班",最差的就是"推一推才动一动"。总之不会主动去尝试、挑战,不挑战自己就不用逼迫自己去付出更多,不尝试去为未知而付出就不用面对得不到预期收益的失望。作为普通员工,放任自己的风险厌恶尚可理解,毕竟是"二八法则"中低层的大多数;但是作为对自己有职业规划和要求的职场人,尤其是管理人员,则必须克服这种情绪。毕竟在职场上再也没有老师来逼着你做题,强迫你看参考书并且安排考试。如果你没有在脑子里给自己安排一个老师的角色,在行为上逼使自己像学生一样去学习,去尝试,去试错,那么你的职业发展之路随时会停下来。

相应的解决方法有两种。

第一种方法就是**从心理上养成敢于跳出舒适圈的习惯**。你看到有很多相对成功的人都有一个爱好,很多人跑步,去戈壁徒步，也有很多人在业余写作、练习书法、绘画，所有这些事都需要投入相当长并且不间断的时间，才能看到一些成果，而在一开始，完全预估不到你需要付出的代价。这个行为就是对自己远离舒适区的一种心理强化，从而使自己在职场上能保持同样的态度。

我是在两年前开始跑步的，刚开始连两公里都坚持不下来，而每周三四次，每次花一两个小时用来跑步，而不是在家安坐着看书、看电视，感觉相当不舒服。幸而有跑团的相互激励，参加打卡的自我约束，还有内心挑战自己的愿望促使我坚持下去。当跑步逐渐成为一种习惯，大约四五个月以后，我开始感受到精力的提升，还有跑步时释压放松等作用带来愉悦的收获，同时我的能力也逐渐提升到 5 公里、10 公里。2016 年我再度挑战了自己，我给自己设定了完成"半马"的目标，其间有过脚底起泡然后磨破的痛苦，有过电解质失衡带来的呕吐，也有过腿部肌肉酸胀到一步一挪的窘态，所幸的是一直没有任何运动损伤。到 2018 年年底，我一共收获了 11 枚奖牌，有时候看着那一整排光灿灿的奖牌，我有不小的骄傲和自豪感。我想在以后还要去尝试一下"全马"，我不会去拿身体拼，也不追求必须达成什么成绩，因为我唯一的目的是不断地突破自己的舒适区，告诉自己"我可以"。

在职场上，当你对手头的工作和周围的环境游刃有余的时候，就是止步不前的时候。记得之前章节所说的"边际效应归零"吗？这时，你必须主动向新的领域进军，或者主动要求承担更多，只有强迫自己，才能进一步提高效能、扩展能力边界。而这种对自己的强迫要求，在初期会使自己感到不适，但一旦养成了习惯，就会享受克服不适所带来的快感。为此，我建议各位去寻找一件有意思的事，以此来强化这种心理，顺便可以交到同样出色的一群朋友。以我的经验，这样的人脉关系比打个牌、喝个酒要来得"瓷实"许多。

第二种方法，就是**对学习本身感到愉悦**。如果你所有的付出、尝试和学习都必须在得到预期收益时才能让你感到愉悦，那么这种行为的确很难持久，因为有些事未必有很高的收益，还有些事的收益可能要在很久以后才会体现出来。所以，你只有培养出对提升过程和成长本身的愉悦感，你才可以坚持。

举例来说，有很多人是为了假装高雅而去听古典音乐，也有人是为了朋友、家人、恋人的爱好而勉强自己去听，那么一旦装"高大上"未果或者和恋人分手，立马就会把古典音乐弃在一旁。当年的我就是这样，我觉得有社会地位的人都应该会欣赏古典音乐，而我本着对高层次人群的向往，勉强自己听了几次，实在培养不出爱好。后来一位学习音乐的表弟带着我听了一段时间的肖邦和柴可夫斯基，并且讲述了欣赏音乐的切入点，如何去理解音乐中的情绪，如何去学习音乐内在的乐理和结构等知识。我慢慢地听出了一些感觉，随后在他的推荐下，我找到了属于自己的欣赏类别——民族主义的音乐风格，然后发现了拉赫玛尼诺夫、斯美塔那、格里格等一些音乐家的作品，逐渐感受到了越来越多的愉悦。多年后，在不少社交场合，大家会交流音乐，也有很多盛典会有古典音乐的演出,我最初从功利角度出发获得的对音乐的那点理解最终给我带来了交际上的帮助。而回首当年,我绝对不可能为了多年以后那点交际便利而坚持欣赏古典音乐,让我坚持下来的原因,是我找到了其本身的乐趣。

在工作中,你有没有为解决了一个疑难问题而体会到乐趣?你有没有为了解了一个管理模型或者经济理论而体会到乐趣?你有没有为帮助到同事、客户而体会到乐趣?尽管你没有任何现实收益或回报。如果没有,那你需要去体会到那种乐趣,因为只有乐趣本身才能让你保持投入和付出的行为;而只有保持着投入和付出,你才会有一天惊喜地看到这么做所带来的价值。

请记住:提高自己这件事,本身就是职场生涯,甚至整个人生的意义!

风险与收益相伴

社会上所有的骗局都逃不开"收益很高、不需要做什么、没有风险或者风险很小"这个基本套路。传销,告诉你只要投入几千元或者几万元,就可以拿几百万元;金融骗局,告诉你可以获得每年 30%~50% 的高收益,或者买的东西可以全额退款,买得更多还能赚钱;马路骗局,告诉你几十元就可以买一个新的手机，几百元就能买到古董……可偏偏就是有那么多人，在高额的收益面前贪心"爆棚"，尽管心里闪过一丝疑惑，但是觉得自己就是这么好命的心理总是能战胜一切。

当风险被放在眼前的时候，哪怕再小的风险也会被看得很大，这就是风险厌恶；而当风险被隐藏起来的时候，只要有足够的收益诱惑，就只当看不见风险。可见，人类是多么容易被自己心理误区所左右，而且心甘情愿。

大多数人都没有一个确定的信念，那就是经济学上"**风险与收益对等**"的原理。如果风险远大于收益，那么不会有人选择，交易就不会达成。在两幢摩天大楼的顶上架一块木板，摔死的风险和节省下来的乘两次电梯的时间收益完全无法相提并论，所以没人会走这条捷径。而如果收益远大于风险的话，一般情况下资本（包括资金、资源和人力）会在"看不见的手"的指挥下趋向于社会或国家的整体经济增长率，一旦发现明显收益较大的机会，更多资本就会流向那里，从而改变那个机会的供需状况和价格水平，长此以往，各处的收益和风险的对比都会趋近于整体增长的状况。所有的革新者、创业者，以及那些致富的人，都是一方面掌握了新技术和商业模式，另一方面通过管理和运营上超过常人的能力控制住了风险的人，即便如此，资本的流动和旁人的跟从也时常快速地改变着他们持续获取收益的能力。除此之外，只有能强势控制信息不对称和拥有话语权（例如权力、垄断）的人才能确保自己获得超额的收益。因此对一般人而言，收益和风险总是对等的，扣除风险因素后的收益水平总是会接近整体增长率。

不对等的情况只会在短期内出现，一旦不对等的状态被交易的任何一方或者第三方发现，很快就会得到修正，尤其在信息高度发达的今天，完全不必奢望那瞬间的好运会出现在你面前，那不会比中六合彩的概率大。

如果是无风险的存款，利率一定极低；要获得高利率，那必定是与证券或者其他投资挂钩，存在亏损的可能。如果左轮手枪里装了一颗子弹，那么赌桌上一定有着足以收买性命的赌注。

时常看到新闻报道称某基金或者某著名投资人，几百万元的投资换来了几亿元、几十亿元的回报；而你不知道的是，他有更多的投资项目失败了却没有被报道，而那些每个也要花几十万元、几百万元，他的整体收益率完全不像你想得那样高。所以如果你只有唯一一笔几十元、几百万元的钱，千万不要做风投，因为基本上搏不到成功项目。

在职场上，要从两个方面来理解"风险和收益必然对等"这句话。

一方面，如果有一份特别好的工作，收益很明显地超出你眼下的预期，如果你的职场一直是正常发展，并没有受到过分打压的话，请宁愿相信，那份工作所提出的要求一定会使你面临极大的挑战，甚至有可能使你难以负荷，一定要充分考虑自己的承受能力。

有时企业招聘管理干部，会从略低的层级去挑选，好比从一群财务经理中挑选出可以任职财务总监岗位的人。这样有两个好处，一是提供了一个升职和加薪的机会，入职的人员会用较高的热情和较多的投入去迎接新工作；二是和直接招聘总监级人才相比降低了用人成本，这份合同薪资很可能是介于总监和经理两个级别中间。但是哪怕双方都很有信心，依然存在着判断偏差的可能，影响工作效能的因素很多，例如情商、沟通能力、团队风格适配等都不是在面试、入职前能完全了解的；而且作为财务经理，也必然会有一些对总监岗位工作要求不了解、不熟悉的地方，其中或许就有短时期内不能达成的能力标准。这些就是和增加收益相比，必然存在的风险。

有时还会因为行业的高速发展获得快速加薪升职的机会，互联网金融行业，团购的"百团大战"，共享经济最火的时期，都曾出现过很多普通员工或者初级主管迅速被要求担任高级管理职务的情景。这时就需要做好两种准备，一是利用好这个高速发展的时期来加速完成自身能力的充电，二是做好行业风口过去后衰退期的应变。要是你认为高职高薪是理所当然的，你的前景就堪忧了，我见过不少风光了半年、一年之后失业赋闲的例子。最可悲的是，那时当事人心态已经不能恢复正常，就连之前的普通岗位都无法胜任了。只有那些居安思危的人，一面加快学习和提升自己的步伐，一面为水位下降时不裸泳而做着准备，才能平稳地前进在自己的职场道路上。

另一方面，同一句话也可以反过来理解：只要你相信是朝着正确的方向，做着正确的事，那么眼下所面临的风险越大，未来获取的收益也很可能就越多。如果你认为自己正在"操着卖白粉的心"，而未来也只能"赚点卖白菜的钱"，那么要么是你选错了事，要么是有什么商业模式你还没能看懂。蔡崇信放弃了外企的高薪而加入阿里的初创，这是他当时所冒的风险，这其中也一定有着他对未来收益的巨大预期，当然最终现实可能给了他比预期大得多的收益。

一般来说，除非是流动性极高的证券二级市场，大多数的投入都需要时间去等待回报，即便是炒股，短期获利操作也只占很小的比例。对于职场人来说，越是远期的不确定性会越让大多数人感到不安，所以很少人愿意尝试，而这样的事也正因此而增大了做成的机会和未来的收益。无论是投入在管理变革、新市场拓展，还是系统学习，都需要三五年的时间才有明显效果，那时你才能看到自己的投入风险是不是有所补偿。如果你不能建立对未来收益的坚定信念，那么这三五年的时间你一定是度日维艰，哪怕最终的结局很好，你的心理上也多半已经受到了很大损伤；而如果你抱有风险与收益会对等的信念，你就会坦然，并且享受每一个进程时刻的快乐。

这份信念并不只是对创业者有意义，对职场人来说，对行业、公司的信心与热忱是在职业道路上坚持下去的重要动力之一。为什么有那么多企业用一些看起来很"土"的方式给员工洗脑，比如震耳欲聋的大会口号、晨操早课、强制员工转发企业官方的微信或者微博内容等，就是因为重复会养成惯性思维，而心理上对企业的信任一旦成为惯性，行为和管理效率都会大幅度提高。那些有自信、有内涵的公司会建立更贴近人心、更自然的企业文化和信心理念。

职场人应该学会通过企业文化的表象来判断：这家企业是不是值得我建立信念。企业领导者的三观正不正，企业文化中是否有可持续发展和快速成长的基因，这些都是用来做出判断的依据。如果你得不出正面的结论，那么这可能不是一个有前景的职业；如果你认为你所在这家企业的本质上是有核心竞争力的，却不认可企业的文化，那么我想一定是企业软环境的建设出了什么问题，你可以向你的老板推荐我的作品。

The Thinking

of

Economics

帕累托最优——
组织利益与个人利益的权衡

追求帕累托最优的基因和永恒常态

"**帕累托最优**"，这个经济学概念是用意大利经济学家维弗雷多·帕累托的名字来命名的。**它的学术定义是：如果在某个环境里，有着确定固有的一群人和确定固有的一堆资源，那么从现有的生产、交换和分配方式入手，如果可以在没有人受到损失的情况下，使得至少一个人的收益变得更好，那么这个改进被称为一次"帕累托改进"。经过一次次帕累托改进以后，当生产、交换、分配方式都已经达到了最佳状态，再也没有提高余地的时候，这个状态被称为"帕累托最优"。**

更易于理解的描述就是，一个组织内部通过进行更合理的优化从而增加了收益，并且不伤害到内部任何一个个体，就算是一种帕累托改进。

假设生产一个产品需要三道工序，分别需要 2 小时、2 小时和 4 小时，这样每个人独立完成的话，按照 8 小时工作制的产出效率是每天生产 1 个产品。但是如果每个人只负责其中一道工序，加强了熟练程度，减少了搬运、更换机器的程序，前两道工序可以从每天完成 4 个提高到 5 个，最后一道工序可以从每天完成 2 个提高到 3 个。于是如果各安排 3 个人去操作第一、第二道工序，5 个人去操作第三道工序，这样总共 11 个工人却可以生产出 15 个产品，比原来生产 11 个的效率足足提高了 36%。整个过程中，没有增加任何一个人的工作时间，只是通过生产优化就实现了效率增长，这就是一次帕累托改进。而这也是现代管理科学泰勒制改革的最简化版本。当每个人都达到自己的熟练极限，而生产流程和工序也无法再做任何优化的时候，就达到了帕累托最优的状态。

这个概念受到两种声音的质疑。

第一种声音认为帕累托改进是可行的，但是把没有人受到损害作为前提有点过于严苛了。于是帕累托改进的改进版（不好意思有点绕）是：如果收益变好的那部分人增加的收益足以覆盖受损害那部分人的损失，并且愿意拿出一部分收益作为补偿，而受损害者也乐于接受，那么这个改进仍然是帕累托改进。

比如在农村，如果要对水系统做整体规划，那么养鱼的人的利益可能受损，另外对于离水源近的人来说，整体改进的投入可能没带来任何增加的收益，而对离水源远的人则有比较大的帮助。那么需要对养鱼的人做出补偿，离水源近的人可能认为自己相对受损，也可能认为自己没有受损，毕竟整体生活环境和谐稳定也是一种收益，而大量离水源较远的土地得到了更好的利用，全村的整体收益一定是明显增加的。那么除了给出针对性的补偿以外，如果村里有钱修整道路、修缮危房、供养孤老，那也是一种普遍性的补偿。当内部分配和协调得以实现的时候，这个水道系统的整体规划调整仍然是一次帕累托改进。

第二种声音认为帕累托改进其实不存在，你口口声声说的不受损害的那群人只是在绝对值上不受损，但是整体改进了，而他们保持不变，这仍然是一种相对意义上的损失。也就是说，不能参与分享就是损失。对于这种认知，从宏观角度看的确如此，最简单的例子就是每一次通货膨胀都会给底层民众带来损失，哪怕名义上他们并没有减少收入。理论上，引进合理的补偿机制便可以解决这个问题，只是在现实操作中，怎样才算是合理的确是个难题。另外无论怎么补偿，帕累托改进可以操作的前提是所有人都是经济理性人，如果有那么几个唯我独尊、以多吃多占为理所当然，自己没有额外的收益就拒不合作的人，只怕"累脱"了也搞不定。

帕累托的理念在很多微观环境下有很强的哲学意义，避免简单粗暴，反对强势优化，尽管有着些许理想主义的色彩，但我内心仍然相当赞赏。我认为帕累托改进、帕累托最优，在经济学上最为充分的、普适的意义就是其核心思想：**以发展为目标，兼顾效率与公平**。

和彻底重构生产、交换和分配秩序的"革命"相比，帕累托改进是温和而有追求的"改良"。在大多数社会形态和经济模式下，有效的"改良"是常态，而破坏性较大的"革命"只在特定时刻需要，并不总是最恰当的选择。而且这种"改良"的目标首先是做大蛋糕，然后是寄望于做大的部分能满足所有人提高收益或者获得补偿的愿望。所以帕累托改进是发展优先，然后试图公平；发展和效率优先于公平，但是如果公平无法实现的话，则可能会否决该发展策略。

对于国家和地区经济而言，人口和资源相对固定，追求帕累托最优应该是每一个执政组织的指导思想；而对于企业而言，对员工和资源都有很多机会和方法来调整，员工的去留和数量、资产的出售和采购都不是什么决定性的问题，只要有利于效率提高、收益增加，大多数时候简单粗暴的举措比费心费力寻找帕累托改进的办法要有效得多。但是如果每一次问题的解决都是只重效率、无视公平，那么企业的文化向心力就非常薄弱，时间久了整体效率就只会停留在一个较低的水平线，并且企业也没有了内生的动力。所以，企业的领导者应当至少把帕累托改进作为一个选项放置于头脑中。简单粗暴是不得已而为之的事，从长远看，追求帕累托最优应当是企业最有情怀、最有社会责任和人文关怀的理念。

我讲职场人的经济学思维会讲到"帕累托最优"和"帕累托改进"，是因为对职场人来说，只有理解了这两个概念才能形成两条意义极为重大的认知。

认知一：是否具备追求"帕累托最优"的基因是判断企业的关键因素之一。

职场人对自我的规划、对工作的投入，以及是否能有学习提升、是否能有未来前景，主观上取决于自己，客观上更大程度取决于企业；遇到优秀的企业，哪怕个人原本并不优秀，也有机会成长为优秀的人才，而一旦明珠暗投也有可能就此贻误终生。

我在《像经营企业一样经营自己》这本书中提到过，判断企业是不是一个适合自己发展的平台有八项要素：

1. 行当。企业所在的行当，在满足最终用户需求时竞争力如何。同样是生产内容的行当，出版社有盈有亏有机会，期刊就有些落魄，而网络媒体和知识经济平台的竞争能力显然有更大的想象空间。

2. 企业竞争优势。这是一个核心锚点。好行当里的烂企业，和普通行当里的好企业相比，后者胜算还大一些。有竞争优势的企业，有自我革新能力的企业，会比单纯是被追捧、规模够大的企业更有前景，因为发展机会更多。

3. BOSS（领导）。包括企业最高领导者和你的直接领导。一个是看他的管理风格你是否接受，另一个是看他对你有没有指导、会不会或愿不愿意给你表现和发展的机会，这对你的选择有决定性的意义。

4. 下属。要判断下属团队是否符合预期，是否有调整、提高和重塑的余地，有时候三军无能也会拖累主帅。

5. 软环境。包括了企业的文化环境和日常的运作氛围。

6. 薪酬。包括了构成方式，以及对应的考核办法。

7. 自身发展轨迹。职业方向会不会转变、怎样转变，这是职场人最重要的决定之一，因为它决定了你向哪个方向走，能走多远，这是未来长时间发展的基础。要判断企业对你的职业要求是否符合自身的职业发展规划，是否能延续之前的轨迹。

8. 最后一条衡量项是工作中的不可容忍的元素。

在这八项要素中，有两项直接体现了企业是否具有追求帕累托优化的基因，还有三项也与此相关。

企业的软环境要有从上到下的贯彻力、执行力，也要有自下而上的反馈机制；要有奉献和拼搏精神，也要有人文关怀；要讲围绕经济效益核心、客户和市场主导，也要讲共同成长。而薪酬机制可能只重视"强KPI"和"唯KPI"，也可能兼顾短期效益和长期回报；薪酬区间可能是合理分布的也可能是倾斜偏倚的；薪酬目标可能是共享分配也可能是纯粹的压缩空间。中和这些偏向才能看到帕累托优化基因是否存在。

与之相关的还有老板的管理和发展理念，企业的核心竞争力中也有管理科学的因素，另外有些过度的行为可能会成为不可容忍项的一部分。例如被热议的互联网企业的高压工作制，很大程度上就是因为加班和离职补偿不到位，趁经济形势低迷，裁员和压缩人力成本并且强制执行而遭到非议和抵制，这种方式侵犯了几乎组织中所有人的基本权益，不要说帕累托改进，连合法合规、尊重契约都说不上。我写到这里的时候，这个问题正是焦点，希望在成书面世的时候其已经得到改善了。

因此，在企业评估的若干要素里去发现企业是否具有帕累托改进的基因，是职场人经济学思维的体现。良禽择木，"怀赤诚以待明主，持经纶以待明君"，这是有经济学思维的职场人应有的态度。职场人与企业之间是相互利用、相互成就的关系，本质上是一种交易，职场人应付出自己的努力来完成企业的目标、推动企业获得成就，而企业也应做好自己的战略规划、资源配置和运营管理，从而使职场人能获得自身的职业成就和成长收获。任何一方不具备完成交易的能力和意愿，交易都可以终止。

当然，我也必须承认，由于现代社会竞争空前激烈，商业环境瞬息万变，有时简单粗暴的方式的确能立竿见影地带来整体效益提升，例如精简机构和人员、裁减低效事业部、出售不良资产等，一味地要求企业满足"不让任何人受损"的条件不现实。所以帕累托最优不是规则，不是铁律，而是追求。

在严峻的现实面前，任何有着追求"帕累托最优"基因的企业，都会在可能的情况下优先考虑组织现有成员和资源受损最小的方式。你可以观察，企业老板或核心管理者是否具备整合资源、内部优化调整的能力。这种能力看起来不是大刀阔斧的，却是以对细节的关注、核心点的把握、人财物及技术等各类资源的准确评估为基础，以开放式的、有创意的思维为引导，如果企业具备追求"帕累托最优"的基因，那么一定会拥有或留存下具备这种能力的管理者。

基因里追求"帕累托最优"的企业还会对不得不造成的员工损失给予合理的补偿。你可以观察，企业是怎样对待因经营调整而被辞退的人的。我经常看到一些企业，对于达不到考核要求的"绩差"员工，辞退时基本上按章办事，因为这些能力不行的人往往很能闹腾；但对于因调整或者思路不合而希望其主动离职的有能力的员工，却往往采用逼退、人为差评，以及谈判威胁等方式克扣赔偿，这无非是因为这些人的薪资和赔偿可能较高，同时又吃定了这些人比较爱惜羽毛，不愿意走仲裁程序，担心影响未来的职场道路。这样的企业我不认为它会长久。很多外资企业裁员时都是合法合规、合理补偿的态度，还有的企业在调整业务时不仅给足补偿，在后来重新开展该业务时还会优先录用老员工，甚至连续计算工龄，这样的企业，才有长久的凝聚力，也才有企业文化和企业精神。

这些也是我在我的企业管理经历中所执行的思路。当企业遇到难题，我第一步做的是在经营和财务数据的支持下，检查业务流程中是否有疏漏，是否有不适合市场变化的地方。第二步是考虑集中具备相应能力素质的管理干部和有潜质的员工，组建工作小组，研究和尝试最好的解决方式，只要条件允许，会以适用未来较长时期需要为目标，而不是"头痛医头、脚痛医脚"。第三步会考虑引进外部资源，包括并购企业、收编团队和招聘人才。当必须对现有机制和组织进行根本性调整时，除不合格者以外，对于其他受到损失的员工都尽力给予补偿，有些人我还会帮助推荐下一个职位。管理是没有定式的，我的做法不能说百分百正确，因人而异，同样的做法换个人可能就会显得效率低下，而别人的其他做法也可能会得到企业和员工的共同认可。但是我相信，值得职场人认可和追随的管理者，脑子里至少要能同时思考效率和公平、长远和短期。

认知二：对于日常的职场尤其是微观职场而言，追求帕累托最优是永恒的常态。

不是所有企业都具备追求"帕累托最优"的基因，但是几乎所有企业都会刻意地或者不自觉地寻求帕累托改进的机会。如果能提高一点效率又能将抵触和反对降到最低，谁不愿意呢？只有当帕累托改进过于费心费力时，简单粗暴的办法才会因为特别有效而被采用。

尤其在微观职场，例如一个部门、一个事业部、一个小组。微观职场的本身既不具备随时调整人员和分配方式的权限（唯一的机会可能也就是半年一年才有的那么一次考评），也不具备调整工作流程和调动外部资源的能力，因为几乎所有资源和权限都是由上级或组织设定的。那么在这种情况下，不断地寻求"帕累托改进"也就是微观职场的唯一发展方向了。

如果你是这个微观职场的领导者，这个认知的建立几乎是你开展内部管理、团队建设和向下沟通的全部基础。不成功的微观职场领导者，往往会犯两种方向上的错误。一种是高估自己的权限和能力而采用了激进的、简单粗暴的管理方式，在上级支持不足的情况下被下属直接反对或消极对抗，典型例子就是很多影视作品里那些略有些背景、自以为是，却没什么能力的下派干部；

另一种是过于求全、放弃思考和改进，整个团队缺乏适应能力、没有出色表现，比如大多数缺乏主动性和上进心的工具型干部。这两种方向上的错误都会给自己的职业生涯带来损失，根源就是没有认识到帕累托改进是微观职场组织的常态化工作。

成功的微观职场领导者，每天都要寻求一点点进步，无论是组织还是组织中的任何一个个体，每天都会关注整体职场的变化趋势，思考相应的对策。在这过程中，有些时候可以让管理调整符合帕累托改进，没有人受到损失，比如提高了某个个体的效率或者使某个个体掌握了新技能。当然，大多数时候管理调整都会多少影响到现有流程，哪怕是需要花费时间精力重新熟悉新流程，这对于某些个体来说也算是一种损失。这时候领导者是否有能力就体现出来了，能否建立起团队内部的积极文化、互助互谅，能否给出整体提升后的愿景展示，能否让受损的个体看到着眼于未来的有形和无形的补偿，能否通过良好的沟通和信用使对方接受补偿……这些能力决定了你能不能做到改进、能做多大和多难的改进，从而决定了你的职业道路能不能向上再迈一步。

那么作为非领导者、职场中的个体，又应该从这个认知中得出什么呢？

接受对自己并非最优的结果

我在阐述帕累托改进和帕累托最优在职场中的运用及形成

的两项认知的时候,在对追求帕累托最优持积极赞赏态度的同时,其实我自己也是有一点小小困惑的:如果群体里有那么几个人,始终要求自己的利益无论是绝对的还是相对的都要最大化,不然就不接受,甚至抵制帕累托改进,怎么办?说实话,在现实社会中这样的人是不少的。

在任何一个职场,都有这样的人:自我利益不仅是最大的事而且是唯一的事,如果他感觉自己的利益、待遇、权利等受到一点点损害,他就会坚决抵制,或者要求远超过理性标准的补偿,甚至为此还会采取要挟谈判、明里暗里对抗、散布负面情绪和信息等多种手段。

例如在企业内部跨部门合作中,这类人原以为会以本部门为主导,结果却是给另一个部门做辅助,这种状况下他们就会觉得"为什么我要付出努力给别人表现",然后消极配合,有好的意见却故意隐藏,发现问题也不说,等到出毛病了幸灾乐祸,恨不得全世界都知道。

例如在有些业务流程调整中,本部门需要承担更烦琐更重的任务。如果把这件事看成组织整体的必要,并认识到这是锻炼、提高自己的机会,那么就会努力去寻找尽量优化的办法,当然在人力支持和待遇方面争取一定的补偿也是合理的。但也有人会狮子大开口,或者找种种理由,甚至编造或炮制一些信息去抵制调整,更恶劣的还会针对主持调整的个人进行攻击或诋毁。

是不是觉得很眼熟?我相信每一个企业、经济组织里都有这样的人。在我们的社会从"计划经济、不讲个人、无私奉献"转变为"市场经济、交易规则"的过程中，有些人从一个极端走向了另一个极端。市场经济建立在理性、契约和自由的基础上，也有对社会、责任和道德的信念，经济发展会推动整个社会文明的进步。作为有经济学思维的职场人，务必不要让自己成为纯粹自私和无视规则的人，要保持住自己良好的人品和正确的三观。

帕累托最优是对一个群体整体最优，而不是其中的某个个人最优，请接受对自己来说可能不是最优的结果！

本书一开始我就说过职场的定义，职场是为了组织的利益最大化而存在的，不是为了任何一个个体的利益最大化而存在的。身为职场的一分子，如果连职场的基本定义都不能理解、不能认同，我认为这样的人在职场没有未来。

基于整体利益最大化的前提，企业寻求帕累托改进是常态，作为个体不可能永远处于纯粹获得利益的位置，总有可能承受损失或者得不到利益。过于关注自己的利益并采取不当的行为应对，对自己职场人格的树立和长期的职业发展是极为不利的。你应该采取的做法是寻求合理补偿，可能是眼前的补偿，也可能是未来潜在的补偿；可能是物质补偿，也可能是学习、人际关系建立、晋升等机会补偿。总之必须在保障整体利益的前提下，来寻求在整体利益的增长中自己应得的那部分。

我认识一位老大哥，是某上市公司的创业"元老"。随着公司逐渐变成了高科技的多元化企业集团，其中一个板块准备单独上市的时候，他来担任这个新的上市公司的总经理没有任何内部阻碍，老板也觉得很放心。而他主动提出，对高科技项目的驾驭、对上市公司的资本运作和并购业务都不是他擅长的，应该让更年轻、更专业的人走到台前，走到决策位置。他推荐了自己的下属，一位有技术背景也熟悉资本运作的副总。经他这么一说，老板也觉得这的确对企业更有利，对他多了几分感佩；而经他推荐上任的年轻总经理，更是对他的知遇之恩感激不已。当然，老大哥在企业内也获得了薪酬、激励的补偿，而且随着年龄增长正好也逐渐降低工作的压力，看起来丢了一个上市公司总经理的位子，但却是对企业、老板、后辈、自己都好的做法。

还有一位学生，几年前他的职位是市场部经理。在公司早期，市场推广、宣传、吸引投资人是最重要的工作，因为部门里有设计师，所以门店的装修也是他管；部门里有文案，所以政府公关也是他管；投融资工作他也参与，甚至因为能说会道，连公司培训事务也是他负责。在公司中层干部中，发展得最风生水起的人就数他了。

随着公司逐渐成熟壮大、投资到位，融资工作告一段落，投资工作和政府公关归属到总经办，装修工作有的划到了行政部，有的划到了事业部，培训也逐渐正式化起来，由 HR 部门接手，于是他手里的工作就只剩市场部的本职，即便这一块工作量也大幅度缩减，很多推广宣传都被纳入了销售体系。可以说，这时候部门裁撤势在必行，而他和部门最早的两个老员工就成了失意者。其中有一个老员工再也无心工作，连本职工作都甩手推诿，更严重的是不断在公司内传播八卦消息，负能量爆棚，最后在高层不能容忍的情况下被开除了。

公司领导给了我这位学生两个选择，离职的话给予足够补偿，或者去总经办投资部，但是投资部已经有了一个资深的部门正职，他只能担任助理或副职。说实话，公司领导觉得离职更干脆，转部门还降了职，要是有情绪的话还更影响工作。结果他选择了转岗，他当时跟我说，自己的确有很多情绪，但是作为职业经理人还是要有职业操守，关键是他对投融资工作是有兴趣的，之前只是参与，希望正好借这个机会能系统学一下。

全公司的人都觉得他是暂时没找到好工作才选择过渡一下，找到了新的工作他很快就会走，包括领导也这么想。没想到他在总经办投资部干了一年多，而且表现得勤勉出色、进步很快，和部门经理的关系也十分融洽，配合着做了好几个出色的项目。正当公司领导考虑下一步如何提拔安排他的时候，他却提出了辞职。就因为他这一年多来新补上的这块职业短板，再加上之前那么多方面工作的经验，使他具备了担任一家创业公司联合创始人兼副总裁的能力，薪资翻倍不说，还有股权。所有人回过去看当初他的选择，纷纷感慨他的职场管理经济学思维和职业的素养，而所有曾经的损失都通过变通、学习得到了补偿。当时公司人性化地给出选择，而不是要求他离职，不仅成全了他的职业未来，也给公司的投资工作带来了成绩。

所以，当职场人遇见对自己不那么好，甚至有损失的调整时，只要这个调整的初衷不是为了打压，而是可以理解的为整体效益而做出的改进，那么放下执念，冷静地从自己的职业发展角度出发，寻求经济或者是能力提升方面的补偿，同时保持好自己的职业素养，这才是职场人应有的态度。

职场中的个体要如是想，作为管理干部更要如是想，因为在更大范围的职场里你也只是一个个体。你要知道，几乎不会有中层管理干部和高层管理干部凭一己之力左右组织的情况，甚至 CEO 也只是组织的一分子，没有人在整体利益面前是不可或缺的。无论你曾经对组织是多么重要，在出现帕累托改进机会的时候，不能因私欲而成为那块绊脚石。

The Thinking of Economics

of

Economics

概念 9

纳什均衡和博弈论——
职场中寻求合作、共赢的要素

职场是个博弈场

博弈论有各种学术上的定义，我给大家提供一个简明的理解思路。一般你需要解决的问题，都是给定了题目的条件让你去求解，所有人都面对同一道题目，如果是比赛，首先是看谁解得对，然后是看谁解得快、解得好。**而博弈论所讨论的对策、题目的条件是不给定的，对方甚至很多方可能采取的行为就是你的条件，而你的选择也会成为对方的条件，在这种情况下如何找到解决问题的最优方法？**

一家卖矿泉水的公司，经过研究发现只要自己降价 20%，就可以扩展 100% 的市场。原来一瓶水的成本是 1 块钱，售价是 2 块钱，现在卖 1.6 元的话，一瓶水的利润从 1 元降低到了 0.6 元，但是能多卖一瓶，总利润还是提高到了 1.2 元。这个就是我们从小学就开始接触的题目和解题过程。假设研究正确的话当然应该选择这样做。

而博弈论面对的题目是，所有卖矿泉水的公司都知道降价可以扩张市场，只是对于题目中降价和扩张的数字对应关系，每家公司研究结果都不一样，更关键的一点是：无论你的研究结果怎样，你都无法研究出别人也参加降价的话，影响会怎样！所以，没过几天，所有卖矿泉水的公司都降价了，你想扩展的市场根本没得到，还白白损失了好多利润，这就是博弈论告诉你的事情。

博弈论有双边的博弈也有多边的博弈，有单次的博弈也有多次的博弈，有静态的博弈也有动态的博弈，还有完全信息和不完全信息、零和与非零和等多种类别，有兴趣继续学术研究的可以专门学习。而前面这个案例就属于不完全信息的多边博弈，理论上无法得出准确结论，而且鉴于矿泉水公司都会长久经营下去，因此又属于多次博弈，在这种状况下经过很多次有时有利、有时不利的博弈之后，结果会倾向于接近一个共同利益相对最大化的稳定区域。正因如此，现在大多数公司都不会轻易把降价作为一种竞争手段。

多说一点跳出博弈论范畴的话。基于互联网平台思维运营的公司，干脆把矿泉水降价到 1.2 元，甚至 1 元、0.9 元，其他矿泉水公司对于这个价格就不敢跟进了，于是它占领了大量的市场。你要问了，不赚钱还赔钱的事情为什么要做？因为大家都习惯在它的平台上买矿泉水以后，它可以通过广大买家卖出大量可乐、果汁、牛奶，甚至肉、蛋、零食来赚钱，把矿泉水的损失补回来。结果其他矿泉水公司普遍都很痛苦，而运营桶装水的送水站大量倒闭了。这就是"牛和羊打架，结果狗死了"的故事。

再举个例子，你经过研究今晚新出的某项政策，发现一只今天收盘价为 5 元的股票，应该有 6 元的价值，于是你打算明天一开盘就用 5.1 元来买。而你忘记了，股市有几千只股票，股民和基金却有几千万，谁能说这一天只有你注意到这件事情了呢？另一个人估计到了你的存在，他决定用 5.13 元来买，还有一个人估计到了你俩的想法，所以决定用 5.15 元来买……结果，对了，第二天开盘是涨停。

看到这里，你有没有觉得博弈论所讲的事情，更符合社会的本质？

所以你看到，在社会、经济世界、人际关系中，你的合理判断并不一定会带来你判断的结果，是所有人的行为共同决定了最终的结果。因此对所有人的行为做出预判，并采取对自己最有利的策略，是博弈论这门学科的价值。

那怎么做出判断呢？什么是对自己最有利的策略呢？第二个知识点来了，纳什均衡。**纳什均衡就是说，我要采取行动的标准是，无论对方采取什么行动，我都会相对有利。**

最广为人知的例子就是"囚徒困境"。警察抓住了两个嫌疑犯，因为缺少证据，就将两人分开关押，都给出了一样的条件：坦白吧，如果你坦白了而你同伙不认罪，你就无罪释放，而你的同伙要关 10 年；如果你俩都坦白了，就都关 8 年。你多问一句：要是我俩都没坦白呢？警察很不情愿地讲，证据不足只能都关一年。

理论上都关一年肯定是最好的结果，当然，这是对嫌疑犯来说，警察可不乐意。但事实上除非两人作案前就商量过，并且互相有极好的信任基础，否则这个结果基本不可能出现。而纳什均衡的逻辑是：如果你坦白了，那么我坦白的话关 8 年，不认罪的话要关 10 年；如果你不认罪，我坦白的话就释放了，不认罪的话关一年。所以无论你是坦白还是不认罪，我都是选择坦白更有利。结果就是两个都懂得纳什均衡的嫌疑犯各关 8 年；而要是把一群完全不懂经济学和博弈论的文盲嫌疑犯弄到这个题目里来，一定五花八门什么结果都有，关系铁的就各关一年，讲究江湖规矩的"老油子"有可能被关 10 年，也可能只关一年，胆子小的有关 8 年的，也有运气好无罪释放的，但你要是算一下平均服刑年数，大概率会比 8 年少很多。

你看出了什么？没错，纳什均衡并不一定能帮助你找到真正最优的结果，但这是社会的常态，因为要追求共同最优的结果不仅需要你的行动，还需要别人的配合，更需要彼此的信任和一致行动。

纳什均衡的悖论，就是两个人都从对自己最有利的角度出发，结果出现了既不利己也不利他的结果，这一点从根本上来说是在挑战整个经济学的基石。亚当·斯密在《国富论》中的名言是："通过追求个人的自身利益，常常会比其实际上想做的那样更有效地促进社会利益。"也就是"看不见的手"会促使每个人从利己角度出发，最终在社会形成利他的效果。纳什均衡的挑战推动了后续关于合作博弈理论的发展，也得出了另一个真理：**合作是可以利己的有利策略！**

职场就是一个博弈场。

了解博弈论和纳什均衡的知识点，并不是为了让你去完全履行纳什均衡，因为其一那只是从个体角度出发，其二那只是相对有利结果。而职场不是为了任何一个个体而存在的，职场的目标是整体利益最大化；而职场人作为个体，和职场组织之间的关系是相互利用、相互成就。个体与职场之间追求合作，客观上达成利己，我这句"相互利用、相互成就"简直是对合作博弈策略的最佳注释。

所以在职场这个博弈场上，我们要追求的是另一种结果。

职场中的绝大多数工作都需要团队来完成，即便是个人的工作也会依赖于其他人的工作结果。举例讲，经常会碰到这样一种状况：你和合作方一起完成一项工作，有两种方案，双方如果都认可的话，无论哪种方案都会顺利完成；而无论哪种方案，你和合作方之间只要有一方不认可，就会得到很差的结果，目标不能完成。两种方案的差别在于，一种方案下你获得的利益比较少，合作方获利较多，而选择另一种方案则相反。我们在工作中不是没碰到过那些强势主张自我利益，或者以不合作来要挟对方接受的情况，当然得到的结果通常都很差。这是因为双方都把自己的利益或者情绪放在了整体利益之前。职场的目标是整体利益，任何因为个人和局部利益而损害到整体利益的人，最终都不会有好的职业前途。

那么选择 A 还是选择 B 呢？生活中的博弈论与"囚徒困境"最大的区别在于：你是有沟通机会的！无论是选择 A 还是 B，都存在着给予某种补偿或至少在未来给予补偿的可能，沟通可以避免任何一方抵制合作，可以减少任何一方因为不愉快而消极和低效；可以增进双方的互信和相互认可，在未来面对类似"囚徒困境"的时候有可能去共同获取一个最优的结果，而不是简单地以纳什均衡了事。

在职场世界里，你要相信：**你的专业和管理能力越高，职场人设越清晰、确定，你所获得整体结果就会越好**。这也是博弈论所能告诉你的事。博弈论的经典案例中之所以出现那么多的两难问题和整体不优的解决方案，关键就在于对博弈对手的不确定，如果彼此的能力和行事人品可以得到确认，就符合了"按照你愿意别人对你的方式来对别人，但只有他们也按照同样方式行事才行"的黄金法则的要求，这样合作与利己的兼容就能得以实现。

你的专业能力越高，就能获得越多的合作机会，并且在合作过程中可以获得越多的利益。一位优秀的会计师、律师或者技术专家的加盟，对于争取项目而言往往是极佳的背书，所以即使项目收益是确定的，分配给优秀人士更多的份额也是所有人都心甘情愿的。

你的管理能力越高，就能避免越多的恶意侵袭。合同的陷阱条款都是给能力不强的对手看的，如果是面对强者，对手自觉地就会放弃不入流的小阴谋，而改为台面上的谈判争取。当我在一定的圈子里建立起了自己在投资领域具备高超管理能力的形象以后，我发现那些不靠谱的项目、合作就出现得越来越少了，越来越多的人知道这样一件事：这是一个能看透我那些假合作、真利己的想法的人，这也是一个秉持真合作、利己也利他的人。所以自忖不对路也不得便宜的人就自动离开了。这不仅减少了我的业务风险，更重要的是减少了大量无谓时间。

你的职场人设清晰、确定，同样是极为重要和宝贵的资本。前面说起过"不确定性"和"风险"的概念，人们对于不能进行预期的事情天然地会抵触。博弈论的基础就是我不清楚对方的预期行为，从而才需要通过各种分析测算来寻找到对策；如果你的行为通过你的人设在很大程度上可以有所预期，那么共同获取更优结果的可能性就会变大。

长远来看，那些有专业、有能力、有态度的人，秉持通过合作既利己又利他原则的人，会逐渐聚在一起，而其他人要寻求合作就会增加难度和成本。在各大商学院的同学群中，一起合作项目，聘用同学当高管的比例相当高，就是因为大家通过长时间的交往和了解确认了彼此是对的人。有人说商学院就是混圈子的地方，那也需要你首先成为一个"合作博弈者"，而不是随时随地采用纳什均衡的愚昧信徒。

从现实职场来讲，一些理性的、中性的、利他的或者体现个性却无害的个人人设通过长期的行为来建立，大概率上来讲是有利的。这会让你更容易被发现和记住，让你更容易获得合作的机会，也会减少沟通中相互试探的时间成本，从而让合作效率更高。而从上级领导的眼光看，一个人设清晰的下属，即便有些地方和自己最喜欢的不一样，但是至少我知道该如何去扬他的长、避他的短；而那些人设不清晰的下属，在很多事情上我不确定他的态度，也不清楚他可能会做出的行为，更不用说通过了解才能建立的信任度了。那么，会给予谁更多的机会也就不言而喻了。

短期最大化和长期最大化

前面说到过，博弈论有完全信息博弈和不完全信息博弈的区别，还有单次博弈和多次博弈的区别。在现实生活中，绝大多数的情况都是多次、不完全信息的博弈，围绕这样两个博弈的特质，我们需要形成一些认知，避免一些误区。

博弈论的建立有一个前提，是所有人都一样理性，并且都具备分析的能力。而在现实社会中，每一个人都是不一样的，彼此的思考模式并不相同，并且由于每一个人的信息都不详尽，因此信息掌握程度和判断能力也有高低之分。

刚才所说的股票的例子，因为参与股市的个体数太多，所以总有足够多的聪明人会考虑明白，从而形成了一个均衡的结果。如果参与的个体数不够多，比如招标，不同参与者之间的水平和个性差异就会很明显，水平不高的可能会犯错误造成废标，技术能力低的可能会采用外部的设备或工艺而报价过高，心理素质差的可能会被游说或被虚假信息所左右，在这样的博弈过程中就有很多文章可以做。

从个体的角度出发，在可交流沟通的博弈中充分利用对方的信息劣势和判断能力的不足就可以赢得自己的利益最大化。就说"囚徒困境"吧，如果你的同伙理性程度比较低，很容易被忽悠的话，你完全有机会说服他"一起不认罪才是最好的结果"，然后转过头来你自己靠坦白换取了立即释放。

中国自古以来就有大量所谓"成者王侯、败者寇""尔虞我诈"的经验之谈，而整个历史上对于承诺、信用、契约的赞赏则相对要少得多。如果有，也挺悲情的，就像宋襄公最后被人打得狼狈逃窜，自己还成了千古的笑话，而尾生抱柱而亡的故事，也说不清是鼓励了民众还是起了反作用。如果信诺和契约的结局都不那么美好，包括普通大众眼前、身边的故事也都是这样的话，良好社会规范就不容易建立，合作博弈的基础也就没有了。就现在来讲，随时可以找到许多所谓的办公室兵法、职场技巧，其实很多都是在不择手段地为本人即个体赢取利益，究其本质，大多数都是通过营造一些虚假的博弈论条件或者伪装自身的人设和行为标准，从而达到自身利益最大化的效果。有些行为可能只是伤害了其他个体并未伤害到组织，如果伤害到组织则会受到惩罚。可是反过来讲，当有些行为并未给组织带来损失，甚至还形成了收益的时候，很多组织的最高领导者会默许甚至赞扬这样的行为，这是犯了短视而破坏组织良性文化的错误。

如果用经济学思维来对职场上的博弈下个定义，就是：**你在职场上所博弈的对象是所有与你职业有关的已经出现的人和未来将出现的人，而这场博弈所将投入的是你的一生！**

就眼前的一件事，为了短期的利益最大化，为了赢取这次博弈的最佳结果，你用上了不诚信的、不正当的手段。而你得到的会欣喜的结果，却会在你人生、职场的整场博弈中给你调一个极为不利的参数，在未来的无数次博弈中，你将花费无数倍多于他人的投入才能换来同样的回报，甚至有些回报的获取之门根本就不再为你打开。因为职场是一个多次博弈的过程，而在多次博弈中，一旦被认定为从不利他的非合作者，任何人都会毫不犹豫地选择用纳什均衡的策略来对待你，你将永远也得不到利己的最好结果。

我每次都会给职场人讲一个我始终坚持的观点：**用方法不用手段，要阳谋不要阴谋；不讲不该讲的话，不做不该做的事。**

职场之路很长，底层的竞争性价比很低，中层的竞争性价比也不高，你眼下以为的很大利益，其实在未来的你看来根本不值一提。对于职场新人而言，几千元、几万元非常具有诱惑性，但是如果你未来能成为一个年薪几十万元、几百万元的人，这点钱又算什么？如果为此而采取了不守信诺或者欺骗的手段，从而丧失了成为那样的人的机会，哪怕只是增加了很多阻碍、晚了几年，又将是多大的损失？

行为经济学有个原理，叫**"贴现率的动态不一致性"**，就是说人们都会对眼下的收益或者损失非常介意，而对未来的收益和损失很容易忽略，并不遵从一致的贴现率判断。很多人会设定用半年时间减 20 斤体重这样的远期目标，但在立下 Flag 的当天有朋友邀请吃大鱼大肉就会放弃自制力，哪怕内心清楚，一天天如此目标就会遥遥无期，但是眼下的享受收益会大过不一致的贴现率判断下的未来损失。

而事实上，你为这些眼下利益所说的话、所做的事，无时无刻不在影响你的未来，甚至在不知道哪一个时间点还会带来致命的影响。你以为世界很大，但偏偏职场真的很小，不要说同一个行业、同一个城市，就算是隔行如隔山、关山千万里，在如今互联网信息四通八达的时代，两个八竿子打不着的人之间也许只要一两个环节就可以联系起来，而且，传得最快的肯定不是好事。

要竞争吗？当然要。

用专业和管理能力来竞争。你可以走铁腕路线，也可以走亲和路线；你可以"不争，故莫能与之争"，也可以"一将功成万骨枯"；你可以一切照规矩办事，你也可以运用创意，打破既有规则，隐忍布局、一朝逆袭。我判断是不是正当竞争的标准只有一条：如果复盘，所有的行为能否放到台面上来看？而从结果来看，只要你能保证让相当一部分人与你合作共赢，我想即便另一部分人对你的想法和做法不认同，你依然可以成功。只不过认同的人多一些还是少一些，会对你的成本大小、耗时长短有影响罢了。

可以追求比纳什均衡更好的结果吗？可以合作博弈吗？可以争取找到不是零和博弈而是正和博弈的方法吗？当然可以。

在符合正当竞争的前提下，为什么不能利用对方的不足或过失来取得更有利于自己的结果？只是你需要理解一件事：很多时候对自己最好的那个结果，往往不是正当行为所能得到的，或者你认为是正当的，而在大多数人的眼里却是不正义、不厚道、不体面的。要是放到人生职场的整个博弈中来看，那个眼下最好的结果很可能带来未来更多的不利因素；而那些次优的结果，虽然一时看似乎有所缺憾，却能支持你在长久的博弈中不断处于更有利的位置。

　　曾有两位销售团队的主管，都带领着十几位销售。为了赢取年度销售冠军，A 主管宣布降低自己的提成比例而将那部分分给团队成员，于是团队成员摩拳擦掌，纷纷用上了休息时间，还搭上了自己所有的关系，团队销售业绩一直遥遥领先。这时 A 主管开始打起了小算盘，先是假称公司销售费用不足，要求团队成员自掏腰包给客户购买答谢礼，将公司下拨的销售费用用来给自己购买奢侈品，还时常要团队成员购买礼品的时候给自己的客户也带一份儿。团队成员看在提成较高的份上，也没有计较，但是到年底发现考勤扣分多了，分摊物料费用多了，七扣八扣的竟然并没有多赚多少，而冠军的特别奖金的大头也被 A 主管一个人拿走了。等到原定的出国旅游团建改成跨省民宿徒步的时候，大家终于爆发了，纷纷提出了请调报告，有的还提出了辞职。A 主管当年大概多赚了十几万元，但是第二年就只剩几个身在曹营心在汉的老兵和一群刚招聘的新人在身边，之后的业绩可想而知。而当他随后离职去其他公司的时候，他巧取豪夺的事迹早已在圈内传播开了……

　　而 B 主管并没有搞什么别出心裁的花样，只是认真地总结了前一年的经验和不足，同时花了时间去提高几位业务能力不足的销售，团队业绩稳步上升。当年没有拿到冠军，他还把亚军奖金中属于自己的部分拿了出来，给团建活动赞助了好几瓶红酒。B 主管当年只多赚了几万元，但是再过一年，他就被提拔为地区销售总经理，而且从他的团队里还走出了两位新主管。什么样的头儿带出什么样的兵，对于这两位新主管的带队风格我想大家都是放心的，合作博弈的精神就可以这样延续并且发扬。

　　你和下属之间，你和同事之间，一直都会有博弈。别人的行动，会决定你的业绩、未来的走势，而你的行动不仅会给他们带来影响，更会给自己的职业前景带来影响。

　　选择短期最大化还是长期最大化，是一道眼前的博弈题，更是一道横跨许多年直到未来的博弈题；它是一道算术题，更是一道职场伦理题。

什么是好的判断和选择

　　现在让我们再回到博弈论本身。我们来深入地拆解一下博弈论的本质，发现它至少包含了以下六个概念：

　　1. **局中人**。就是参与到整个事件中的各方，如果是双边博弈，那么就是两个人互为对手方，如果是多边博弈，那么就有三人以上共同参与，而交互影响的路径也呈叠加增长。

2.**行动**。就是各方分别可能采取的行为选项。

3.**信息**。就是各方采取不同行为后，可能给其他方带来的影响。有的是简单博弈，如果甲这么干，那么乙会怎么样；但是包括现实生活在内，更多的是复杂博弈，每个人的选项不止一个，而每个人采取行动后由于其他人的不同行动，还会出现各种不同的影响结果。在三方乃至更多方存在的时候，其中一方的信息就已经是一个庞大的组合，每一方的信息都包括了其他各方相互影响的不同关系。

4.**策略**。就是当你作为其中一方获取到信息后，你的思考过程、逻辑及决定，并分析出这个决定在最后会产生怎样的结果。

5.**收益**。就是根据信息，你作为其中一方所能取得的不同的收益可能。根据你的策略，你可以对不同收益可能的分布进行预测。

6.**均衡**。就是每一方都充分考量了不同行动及其收益，以及所有对手方都经过理性考量后所采取的对策，最后所有人都达成了同样某种策略的组合，形成了纳什均衡。

当然从纳什均衡出发，引发了对合作博弈理论的研究。因为符合纳什均衡的很多真实现象造成了不良的后果，例如两国军备竞赛都采用了升级策略，工厂竞争而纷纷选择放弃环保措施。这些现象也推动了经济学对于现实社会中追求公共利益最大化的各种研究，包括对市场要素的修正、国家作用的增补等重要成果。

讲清楚了博弈课题都包含的局中人、行动、信息、策略、收益和均衡这样六个基本要素之后，我们来讲怎样才能找到一个好的判断和选择。

当我们在学习博弈论这门学科的时候，需要解的题都会有确定的题目和内容；但是当我们在社会中、职场上运用博弈论的时候，题目和内容都是模糊不清的，你在做决策之前首先要试图把题目搞清楚。所以,把基本要素的内涵搞清楚是最重要的工作!

先说局中人。很多时候你会漏算局中人，你以为这件事就牵涉这几个人，但其实它还会牵涉其他人。能不能考虑到足够多的局中人，实质上就是博弈者能力高低的表现。当你想到某个人在局中，你就会考虑到他的行为，去采集他的信息，你采取的策略就包含了他的影响；而其他博弈对手如果忽略了这个人，策略上就肯定会棋差一着。

矿泉水公司以为竞争是同业间的博弈，而互联网电商平台的突然切入改变了一切，甚至伤害到了貌似无辜的桶装水站。如果你考虑到渠道方也在局中，尤其是那些还没显露出异类气质的渠道，那么新的渠道合作就可能成为你策略的一部分。

在企业职场上，你以为盘点库存只是财务部和物管部门的事情，而现实中如果没有生产部和采购部的协助你很可能完不成任务；你以为更改信息系统管理规范只是行政部门和 IT 部门的事情，其实改变的可能是整个组织结构!

所以，考虑博弈问题第一个要搞清楚的信息，就是问题究竟会涉及多少局中人。

然后是行动。各方可能采取的行动，也是你必须要获取的信息之一，而且需要尽可能完备。各方的行动包括了对各方情商、智商与立场的判断，对可能采取行动的可能性的判断，判断要基于了解对方所拥有的能力和可调动的资源，而这些信息也不是确定的，需要通过采集其他大量信息并经过分析后得出。所以这个判断的准确程度就决定了你这道博弈论题目的设定与现实究竟有多大的吻合度。

20 世纪末有四个知名的高端白酒品牌，酒鬼酒、水井坊、五粮液和茅台。酒鬼酒采取了降价的策略，很快水井坊也跟进了，而五粮液没怎么动。我相信这些酒厂的管理层都是有专业素养的，一定也针对不同区域、竞争态势，以及对手的现状做过研究和测算，对于自己降价多少，对手降多少，怎么降，最终会带来什么样的销售结果，大家都是心中有数的。但是没想到的行动是：茅台非但不降价，还涨价了。于是一场价格战，变成了高端白酒定位分化的战役，短期来看，我相信这时茅台的销售额和利润还是受到了影响的，但是从长期来看，这一举动从此奠定了茅台作为中国白酒第一品牌的地位，五粮液只是第二梯队的领头羊。从现在这个时点回过去看，对博弈各方行动判断的失误，根源上还是因为战略眼光和能力格局的欠缺。

接着是信息。信息就是行动对各方带来的影响，这是一个更加庞大的预测，每一个双边的影响都会进而影响到不同的多边组合，都需要通过已知的信息去测算。这个部分主要的工作量在于细致和完备。同样，对于各种可能的收益也是一个预测，如何构建预测的模型、怎样安排参数和权重，也需要采集各方面的数据来进行计算。不过和战略判断力相比，这部分工作还是技术成分偏多。

然后是收益。如果说行动和信息的判断贡献了这道题目的一半数据，收益的采集和测算就是另一半；前面那一半是不同行动分别带来的影响参数和权重，后面那一半就是分别会产生什么结果的数据，两者加权组合才是整道题的结果。

做完了以上所有准备工作，才进入策略，也就是如何做出好的选择和判断。当你掌握了基本要素的内涵之后，你做出一个好的选择和判断的基本标准线就是纳什均衡。

不对不对！认真阅读到这里的人应该要提出质疑：之前不是说纳什均衡不能带来整体利益最大化，要我们大家都寻求比纳什均衡更好的策略吗？

我非常高兴于你已经吸收了关于纳什均衡并非绝对最优解的意见，但是我从未说过仅就单一博弈而言，纳什均衡不是正确的选择，而且正因为其正确所以才会达成最终的"均衡"这样一个结果。从军备竞赛和放弃环保的工厂的任何一方看，它们从自己角度出发的选择都是正确的。只是要追求更好的既能合作利他又能更加利己的结果，需要我们投入更多的交流、建立更多的信任和其他相关的合作基础。

问题的关键在于：**第一，不是所有的博弈都是困境和悖论；**

第二，不是所有博弈都没有信息交流的机会；第三，在多次博弈、合作博弈和正和博弈的时候，存在着改变纳什均衡的机会。而现实中，正因为存在着通过交流、互信从而建立起多次博弈、合作博弈和正和博弈的可能，才值得我们为更好的世界而努力。

而什么是更好的？**纳什均衡就是那根及格基准线。首先我们要懂得理性的利己的最佳方案，然后才有追求更佳方案的可能。**我不会要求大家去做损害自己、纯粹利他的事情，孔子训子贡的故事[1]已经告诉了我们这个道理，我也不会相信连纳什均衡都找不到的人会有能力去构建更好的合作模型。

关于纳什均衡，有一句最经典的解释就是：因为都没有寄望于对手方会犯错误，所以无论什么结果发生，即便不是最好的，也不后悔。这就是我们在碰到单一博弈时需要明确的基准线，如果这并不是一个困境博弈，那么它就是各方的最优解。

如果局中各方都是和你一样水平的人，那么彼此共同求得一个各方都不会后悔的策略和结果，就是纳什均衡；如果局中有许多综合水平低于你的人，他们在行为、信息和收益等要素上根

---

[1] 春秋时鲁国有一道法律：如果鲁国人在国外看到流落或为奴的同胞，只要能够将其赎回来就能得到国家的补偿和奖励。孔子的学生子贡把人赎了回来，但是不领取国家的金钱。孔子训斥他说：你错了！圣人要改变民风世俗、教导百姓，而不仅仅有利于自己（对高尚行为的满足感）。你不领取补偿金和奖励，鲁国就没人再去赎回自己的同胞了（别人去领取了金钱，感觉似乎是做了好事也没子贡高尚；不去领的话，对于不那么富有的人来说肯定没有动力）。与此对比，子路救了一个溺水者，收下了人家送的一头牛，孔子就高兴地说："从此鲁国人会勇于救溺水者了。"

本就和你不在同等地位，那么最终形成的纳什均衡结果本身就会对你有利；反之，如果别人的水平就是比你高，你也要坦然接受那个虽然低于对手收益，但对你而言也不是最差的均衡结果，那就是你的及格基准线。

但是，任何时候都不要寄希望于别人的选择错误，或者自以为可以掩饰条件或者误导他人，而换取那个对自己而言最优的、不符合纳什均衡的结果。

这或者是一场寄望于他人错误的赌博，作为有经济学思维的职场人应该懂得拒绝。又或者你过于自信地以为用点小伎俩就可以改变博弈的基础，从而很大可能是失去了一个本可以得到的较优结果，落到了那些本可以避免的较差，甚至最差、不可接受的结果；即便你得逞于此，当你以后越来越多地采用非均衡的策略去应对博弈时，早晚有一次你会输得更大，把以前不该赢的那些都"吐"出来；而从信息社会的现实来讲，你的所作所为也很容易被传到你以为传不到的地方，在与那里的人一起参与的博弈里，你在不知不觉中已经变成了非常不利，甚至有输无赢的那一个局中人，这放在漫长的职场生涯里来说绝对得不偿失。

在通过逐渐的修炼和提高以后，你具备了充分掌握博弈中各要素的能力，也具备了理性分析和运用逻辑去得出纳什均衡的结论的能力，从而成为单一博弈中的正确方以至相对的强者。

就职场人而言，每次选择前你都需要充分了解这件事都涉及哪些人，他们都可能有哪些行动，以及分别的可能性，这些行动交织起来又可能对自己产生哪些影响，以及最终你的不同选择分别会带来怎样的利益变化，然后再根据纳什均衡建立自己的策略判断基准线。如果你的能力仅止于此，那么就坦然接受最终的结果吧，无论是哪一种结果发生，都不要因为意外所得而沾沾自喜，也不要因为遭受损失而怨天尤人。

随着你能力的提升，你在每次选择局中的优势地位也能逐渐提升。再之后，你就可以通过建立自己可确认的人设，构建渠道，促进信息充分交流，拓展能力，寻求建立正和博弈，从而实现分享共赢，让自己的选择进一步优化。在这个过程中，你还可以得到的是职场中的人脉，是同道者、同盟军，你们的组合会成为未来多次博弈中的优势部分。

The Thinking

of

Economics

概念 10

信息不对称和逆向选择——
提高信息处理的能力，
构筑自己的"良币圈"

层级的差异在于信息对称的能力

我在博弈论的基本要素中，提到过"信息"这个概念。而广义的信息几乎可以说是包罗万物，就博弈论来说，局中人、行动、信息、收益这几个要素包含的所有内容都是广义的信息，就世界、宇宙而言，所有的事物、图像、文字、声音、气味、语言、理论及其包含的一切内容，都是信息。我们所处的是一个信息爆炸的时代，就是因为互联网改变了信息获取、储存和传递的方式，我们现在一天接触的信息可能比古人 1 年、10 年，甚至一辈子的都多。

信息在传统经济学里就是一切分析和预测的基础。但是就经济学研究范畴来说，**有用的信息至少要满足三个要求。**

第一个要求是：**确定**。有用的信息必须是确定的，不能模棱两可。信息的产生、传播和解读、使用等环节之间不能天然地存在各种标准和差异。

"小王在某些人看来是个不错的人"，这个信息就不确定，什么是不错？对于很好、不错、一般、不行这几个层级的划分标准是怎样的？某些人又是哪些人？是很好的那些人，还是不行的那些人？这两类人的标准明显是不同的。

"小王在企业信息管理的数据库建设和维护方面，属于所有同类人才中最优秀的那 10%。"这对于企业管理者和同事来说就是个确定的信息。

大家应该都玩过传话的游戏，一个词或者一句话，要一串人用身体语言演示出来，传到最后面目全非，观众都觉得非常好笑。这就是故意用降低信息的确定性来达到传播和解读失真的效果，如果是原始确定无误的文字或者语言，就不太会发生这样的结果。

第二个要求是：**真实**。现代社会信息爆炸，在无数的资讯中间掺杂着大量的错误、虚假信息，有些是因为对真实状况的信息采集、解读、分析等能力不足，也有很多是出于人为的扭曲。因此在获取信息的同时，一定要在脑子里有个"真实度鉴别"的意识，通过对信息的基础数据出处、逻辑过程以及和其他有相关性的数据进行比对，再判断这个信息的真实程度有多高。

很多人会在微信朋友圈里转"震惊了""重磅""首次揭秘"之类标题的文章，这些信息从出处的可靠度看其真实性就非常低，都是一些一味想要"圈粉"、没有公信力的媒体所为；也有很多人转一些未经证实的所谓科学结果，它们在披着科学外衣的情况下很容易使人轻信，还有些明显违背常识、违背基础逻辑的内容，如果使用就很可能严重影响别人对你的常识、逻辑、智商的判定。

就职场人而言，真实的信息更多来自于一手，例如财务底账、凭证、出入库单、经营流水账等；越往上真实性越容易受到影响，统计结果、财务报表真实度还高一些，涉及人为因素判断的结果就离真实更远了一些；书面信息、多方信息真实性高，口头信息、单方信息真实性就低。职场信息还和信息来源的可靠度有关，靠谱的人在传出信息的时候，多少会经过自己的验证，不靠谱的人非但不验证真伪，还有可能添油加醋。

第三个要求是：**及时**。这一条经常被忽略，除了真实、确实以外，信息的时效也是极其重要的要素。举例来讲：一家公司去年年底的净利润数字能说明今年的盈利水平吗？你要是单纯相信了趋势线而不跟踪近况，大概率逃不过被"业绩变脸"的公司坑一道。假如说，你有一个大龄单身的朋友托你介绍对象，你当时没有合适的人选，等过了好几个月后发现了一个。那你在向这位合适人选推荐你朋友前需要做什么？一定要先找你朋友核对一下眼前的状况啊。好几个月的时间，闪婚都够了，凭什么认为人家单身了很多年就一定不会在这几个月里改变呢？否则你在那位合适人选面前就有点尴尬了，万一人家看看照片还挺满意的，你说你不是戏弄人了吗。

所以，能用于经济学思维的信息，一定要满足"确定、真实、及时"这几个要素才是有效的，当然这几个要求都不可能达到绝对的标准，只能按照你自己能力的上限去努力达成。其他的信息你可以接受，可以认同，也可以反对，可以支持，也可以愤怒，可以偷着乐，也可以很悲伤，但是它们都不能成为你经济学思维和判断的依据，最多只是你思维的辅助。

经济学上对信息讨论得最多的话题就是对称性，如果你去检索和统计"信息"这个词在所有经济学论著中出现的地方，会发现其超过 50% 都是和"对称""不对称"这两个词联系在一起的。

所谓**信息不对称，就是说经济社会中每个人拥有的信息是不同的，有些人拥有其他人不具备或者无法了解的信息，从而在经济活动，例如交易中，就能占据相对有利的地位。**老话说：买的不如卖的精，说的就是购买者对于所购商品信息的了解总是不如卖商品的人，从而卖方总是能得到略多于商品价值的报酬。而掌握了地区价格差异和供需对比关系的信息的人，在贸易中就能超过其他人获得超额的收益。所以说，信息本身是具有极大的经济价值的。

就职场人来说，应聘时求职者就处于信息不对称的优势地位。求职者对于自己的情况最为了解，学校里学了什么，在过去的企业中担任过什么，业绩表现如何，而在应聘过程中通过对简历的美化和对问答的准备，有经验的求职者可以将自己包装成一个最适合目标职位的人。而企业就处于信息不对称的劣势地位，单靠一纸简历和短短的面试不一定能了解求职者，即使采用了背景调查和其他办法也不能做到完全了解，所以我之前说过企业在用人时要支付风险成本。

而入职以后，信息不对称的状况就发生了扭转。企业对于自身的战略、运营的整体情况最为了解，对于员工的表现也可以从不同渠道加以考核和印证。而员工则处于信息不对称的劣势地位。举例讲，当企业遭遇危机的时候，企业高层心知肚明，而对企业内部的大多数员工都会保密，一旦无力回天，任何一家陷入关停、破产危机的企业中，都有许多一脸震惊、因为从未做过重新求职等准备而茫然失措的员工。

这只是一个例子，信息不对称这件事在整个经济社会中是普遍现象，进而影响了早期经济学对于自由市场在完全信息情况下的假设，并最终形成了信息经济学。在 1996 年和 2001 年，有五位研究信息经济学的经济学家获得了诺贝尔经济学奖，名字我就不一一列举了，其中有一位阿克尔洛夫在后面的文章中会出现。信息经济学认为，信息本身就具有经济价值，和资本、土地、劳动者一样是需要经济核算的生产要素，参与任意交易的价格分配，并进而影响到整个经济社会的资源有效配置。

进入新世纪以来，随着互联网的普及，信息的获取和传播方式有了革命性的改变。英国知名经济学家哈耶克在《知识在社会中的运用》（*The Use of Knowledge in Society*）一文中将信息分为两类，一类是经过组织、整理后形成体系的专业的科学知识，另一类是特定时间和地点所发生的事情。互联网不仅让第一类知识的学习变得非常便利，打破了专家垄断，让人人都可能掌握某个领域的专业信息，而且让第二类知识的传递变得非常迅速，在地球上任何一天、任何一个地方发生的事情，都可能在几个小时内被全球所知。因此，由于信息无法获取或无从得知而产生的信息不对称程度在逐渐减轻，除了权力阶层引起的信息差异以外，新世代的信息不对称更多地体现在对专业知识的掌握程度不一、对于新知识的创新和运用能力不一等方面，从而导致对不同信息分析和认知的结果大相径庭。

因此，**对职场人来说，提高专业能力，提高捕捉信息的能力，提高逻辑分析的能力，就能获取更多信息资源。而你所掌握的信息资源，又决定了你能身处于哪一个层级。**企业中高层管理者掌握了较多的信息，但这并不是他们天然所具有的特权或者被赋予的能力，而是因为其表现出了具备对信息进行有效采集、高效处理的能力，从而具备了与其他这一层级的人"信息对称"的可能，才被擢升到这一层级。职场人发展的每一个台阶，都需要提高自己获取和处理信息的能力，你具备与多高层级的人信息对称的能力，你就能站上哪一个层级。

由此可见，职场人的学习能力才是终极武器。不仅要学习和掌握专业知识，并且还要懂得运用；不仅要学习和获取最新的特定知识，并且还要懂得分析和处理。知识更新一旦受到禁锢，职场人的发展就会被锁死。

有经济学思维的职场人需要掌握哪些信息呢？其实无法穷举。我无法告诉你哪些信息会给你带来价值，你只能根据自己的个性、职业规划去选择需要补充的专业知识。例如我在担任上市公司董事会秘书以后，根据我已经掌握的财务、投行的知识结构，我发现自己对专业知识的补充需求集中在法律、公关传媒方面，然后就去念了在职的法学研究生，结交了一些媒体朋友。之后的十几年里，我一直没有停下学习的进程，初时学习是因为需要，现在学习已经成为本能。

假如你是一名技术人员，我建议你去学习一下管理；假如你是一名销售，我建议你去学习一下经济学原理，还有社会学、心理学；假如你是一名 HR，我认为心理学是必修的，另外你要懂财务。根据我的经验，这些岗位的职场人要想走上新的阶层需要具备这些知识结构。

除了专业知识以外，应该掌握多少动态信息也没办法说清楚，但是一旦闭塞的话，就算有再多专业知识也白搭。我们说"聪明"这个词，就是从耳聪目明而来，聪明的人绝对不会对外面的世界充耳不闻、视若无睹。我不能完全列举，但是可以建议你关注四个方面：

1. 系统性信息

指所有人都需要面对的信息，也是绝大多数个体都只能被动接受、无从改变的信息，包括世界和国家的宏观政治经济形势、社会对本行业和本企业的认知、职场人普遍面对的职业环境等。你对此起不了任何作用，但它却实实在在影响着你。可能你会说，"我的天呀，要知道那么多，那我不是成了专家教授啦"。随着你在职业道路上越走越远，你就会习惯的。你脑子里要时刻装着这些问题：国家经济状况到底怎么样，碰到了什么最困扰的问题，而政府又采取了哪些政策和措施在试图改变？这些政策和措施会对本行业、本企业和本人带来什么影响？本行业或本企业的社会口碑是怎样？我们的产品或服务从大范围讲有没有市场和未来？我现在从事的职业态势有什么变化？身边有哪些职业提升的路径？……只有脑子里时刻装着这些问题，你看到的所有信息才可能成为替你解答的素材。

2. 外部信息

指来自企业外部却对本企业有直接影响的信息，对此，你个人及你所在的企业是可以做些什么去应对或改变的。本行业的走势，是供求两旺还是逐渐夕阳？有没有听说什么会颠覆本行业现有格局的新生事物？本企业在行业内所处的地位是怎样的？面临什么样的机会和危险？那些竞争对手的情况如何，又在打算做什么？和本企业相关的地方政府机关及其他机构，例如金融机构等最近有什么动态？至少，和本人岗位工作内容密切相关的那些单位是什么状况？……这些问题要阶段性地检视，一两个月要有一次更新，进而可以调整自己的职场行为。

3. 内部信息

指企业内部的信息，包括企业战略、企业文化、企业管理变革、企业经营现状、企业当前最紧迫的问题……有潜力的职场人不用我说就会留意、专注这些事，凡是只知道低头做自己的事或者只愿意管好自己这一摊的，前途堪忧。

4. 直接管理信息

指与你工作直接相关的信息。我把每一个职场人比喻成一个黑箱，一边接受需求任务，一边产出工作结果，而中间的过程只有你自己知道。要想成为更高阶的职场精英，你需要做三件事：一是更清晰准确地了解交代给你的任务有哪些真实需求，二是了解什么样的结果才能被认为是优质并且稳定的，三是了解哪些技能可以提高黑箱运作的效率。这三件事，就是每个职场人的直接管理信息。

不断提高专业知识和技能以及对动态信息的掌握和分析能力，你就具备了和更高阶层实现信息对称的素质，从而实现职场发展和阶层跃迁。

逆向选择带来"劣币驱逐良币"

如果信息不对称一直存在并且没有任何措施去改变和应对，那么会发生什么呢？经济学有两条原理：**信息优势方的败德行为，信息劣势方的逆向选择。**

信息优势方会利用信息不对称去获取收益，进而会为了扩大收益，而对另一方进行信息隐匿，有时候还会传递虚假信息。在西方有些职业经理人控制的企业中，职业经理人会为了自己获得更多的报酬和地位而向股东方隐瞒公司经营情况和市场变化信息；上市公司为了股价而对市场散户散布虚假信息的例子在股票市场也比比皆是；即便在生活中，利用信息不对称的事也无处不在，就拿恋爱来说，有人隐瞒自己家境贫寒、负债累累，也有人隐瞒自己曾经整容。当所有这些行为由于人为地扩大了不公平，并造成了对他人正当利益的侵害时，就可称之为"败德行为"。

反过来，信息劣势方则会造成逆向选择。举例来说，保险公司推出一款医疗保险产品之后，特别愿意购买的人绝大多数都是已经生病的患者，健康的人往往会觉得付了保费却没有用到有点不划算，从而缺少购买意愿。由于购买者才是信息的优势方，他知道自己身体的真正状况，而保险公司却处于信息的劣势，所以当越来越多病患购买保险之后，保险公司就只能不断提高保费。造成的结果就是，健康人越来越不愿意购买，而买保险的人中重病者比例越来越高，保险公司的产品难以为继，这就是"逆向选择"。因此保险公司就要根据最广大人群的大数法则来制定费率，同时一方面向健康的人群推广保险的理念，另一方面通过联网数据采集，要求投保者进行体检，以及用基于道德的免责条款等办法来规避风险。

在 2001 年获得诺贝尔经济学奖的阿克尔洛夫在 1970 年发表的著名的《柠檬市场》，被认为是信息经济学的开创性文献。所谓柠檬，在美国的俚语中是"次品"的意思，文章以旧车市场为例揭示信息经济学原理。假设旧车市场上有 10 辆车，根据新旧程度，有没有过损伤等因素，分别价值 100 美元、200 美元……直到 1000 美元。但是这些信息只有卖车者知道，旧车修整一下以后看起来都还挺鲜亮的。而买车者也不傻，他们虽然不知道每辆车的具体情况，但是所有车的平均情况还是知道的。于是在排除了一些明显老旧的车以后，他们认为出价 700 美元比较合理，就算吃亏也不会吃太多。然后，当大多数买车人都形成这个观念以后，800 美元以上的那三辆就退出市场了，卖不掉，没人信。再然后，买车人发现还是吃亏，于是出价更低……没过多久，整个市场就只剩下一堆破烂旧车了。

在早期经济学中，对竞争机制的结论是"优胜劣汰"，但是信息不对称造成的市场失灵现象就会形成"逆向选择"，劣币驱逐良币。

在职场上，用人单位和职场人之间的交易并不是一次性的。虽然在签订劳动合同的时候，用人单位处于信息劣势地位，并且支付了风险成本，但是在交易完成后的很长时间里，用人单位每年、每月，甚至随时都可以根据逐渐补充完善的信息来改善其地位，并且调整交易的价格，也就是薪酬。因此，整体而言，在职场上并没有明显的逆向选择的倾向，但是这在若干情况下仍有发生。

举例一。对于职场人来说，选择一份怎样的工作是比较要紧的，不仅需要考虑薪酬、能力匹配，还要考虑每次更换工作的成本，包括重新适应的时间成本，以及未来他人对自己更换工作原因的追问和认可度等。市场上有些不负责任的公司会开出自己未必能负担的高薪酬条件去招聘，争抢人才，这个"坏"有些是因为公司的自信和赌性强过了能力，有些根本就是打算等人进来了以后再采用过度考核、拖延、赖账等方式应付，而应聘者对这些信息是不了解的。带来的结果就是有一些受到诱惑的优秀人才会掉进坑里，而留在好公司的人在不知情的情况下一对照，便会心生不满。好公司有时会无奈地超负荷地提高薪酬，结果是抬高了整个行业的薪资成本，减少了好公司的盈利和发展速度，而不负责任的公司垮台的加快又给员工带来了损失。这个现象在行业大热、风口到来时会经常看到，而当风口过去时也会看到所有人都在受损，没有得利者。

举例二。我一直很反对"996"工作制，这里不说它的违法和反人性那些要素，就说"逆向选择"这件事，很多企业就没有概念。像华为这种达成了双向认可的企业，可能没有这个问题，毕竟员工认为到位的薪酬和光鲜的履历值得自己付出。但是对于那些没有得到员工认可的、强制推行"996"的企业，劣币驱逐良币的状态一定会发生。不认可，一定会有人反抗啊，反抗的是谁？肯定是有能力、有路子的那些人。首先，他们的能力可以让自己不用那么累就能完成任务，现在却要和能力不如自己的人一样接受压制，即便接受也是降低效率、消磨时间；其次，他们凭能力并不难找到新的工作，很可能选择不接受而离开。那么离不开的是谁？是那些没有能力找到新工作的，能力相对低的。所以如果想靠这招来裁员和调整团队，那么请记住：人员流失的顺序是从良币开始的，而加入的人是从劣币开始的。在有些公司的眼里，员工都是无差别的工具、码农，那我祝福那些企业美好的愿景描述能留在办公室的墙上不要掉下来。

举例三。我们常见到"能做的不如能说的"的现象，在很多考核机制不科学、信息系统不畅达的企业，这个现象更多一些。当员工花在表现自我、构建完美信息上的时间，比花在提高工作质量上的时间更多的话，企业文化就会向夸夸其谈方向演变。有的人真实能力在提升，但是由于考核和信息传递的问题，要从业绩上表现出来会延后很长时间；而有的人虽然一知半解，但是很擅长表达，从而得以营造出自己和高阶层人士"信息对称"的假象。而企业一旦以此为根据对这类人进行了奖励和提拔，之后就会有越来越多的人轻实际而重浮夸。我以前的学生中有不少人热衷于参加学习、旁听讲课，但却并不是真的学习，张口云计算、大数据，闭口区块链、新零售，实质上却知之甚少，我称之为购买了"知识配饰"的人，这些装点就是为了让自己显得能达到更高一层级的水准。就企业而言，逆向选择的结果是有能力的人可能被埋没；就个人来说，当这个社会中新名词满天飞，人人都显得很有思想的时候，真正的思想也容易被埋没。

所以，我们在职场上要懂得去辨别那些"劣币驱逐良币"的事，而辨别的方法是先找到信息不对称的地方，从信息优势方的败德动机和信息劣势方的逆向选择去看事情发展的脉络和走势。

我无法去批判每个人试图获取不对称信息的意愿，这是每个理性经济人都很自然的行为。之前说博弈论的时候也说过，每个人都有利己的立场，一味对利己进行批判很可能在更大程度上带来对公序良俗的破坏。但是我希望我们每个人至少不主动作恶，也许你会隐匿信息，但至少不要制造虚假信息或破坏他人对信息的获得；我还希望你在获取了信息不对称收益的时候，能通过提高自己来让他人得到的价值更大一些，从而终止，至少延缓逆向选择的进程；我更希望你在有能力参与构建系统规则的时候，能基于现在所看到的这些经济原理，将更好的策略运用于实际中，减少"劣币驱逐良币"现象的发生，毕竟这是对所有人都不利的，当你在利他时，其实也是在利己。

"良币"的策略

当我们在职场上已经成为"良币"的时候，又该如何维护自己的利益呢？

"我是敬业的，也是有专业能力和职业操守的，所以我不希望被混日子的、没本事的、不道德的人拖累，陷入因他们而引起的逆向选择之中，从而影响到我的职场发展和收益。"会这样说的人，无论他对自己专业能力的评估是否客观准确，至少在主观上，我觉得他的敬业和操守是可以相信的，而这是能成为"良币"的首要的内在要素。

策略一：回归问题本源，从消除信息不对称做起。

劣币能驱逐良币的本源，来自人们对于两者的无法区分。那么要解决这个问题，就要从消除信息不对称做起。事实上，我们能看到很多这样的例子。

品牌厂商从前不断地做广告，就是为了消除和消费者之间的信息不对称，通过对商品尽可能详细的介绍，并且通过有实力对自己投放广告的形象，来让消费者更了解自己。当广告有所泛滥、良莠不齐的时候，品牌厂商会通过专家背书来增加可信度，通过社会慈善来增加信任，通过现场活动来增加接触。还有试用装的投放、公开的反馈评分机制、口碑营销等策略，未来还会有更多的方式，不断创新，而目的只有一个，就是努力让消费者与自己之间的信息掌握更对称一些。

作为优秀的职场人，你也需要建立自己的职业品牌。在职场周期管理的章节我提到过职业品牌的概念，普通职场人就是普通商品，优秀职场人一定是品牌商品。这个品牌包含了你的职业素养、从业理念，也包括了你的工作能力、学习能力、管理沟通能力和情商，通过你以往的表现不断积累和强化，并且通过你职场上遇见的所有人得到建设和传播。直到原本那些不认识的人也听到过你的好名声，或者能从其他人的介绍中对你形成良好的认知，那就是成功树立了职场品牌。

当你的职场品牌在一个相当广泛的人群中得到确认的时候，你和那些正在或将要在职场上打交道的人士之间就有效地降低了信息不对称程度。

策略二：高度重视每一次成交，构建良币圈。

在阿克尔洛夫的《柠檬市场》中，当第一批买方给出700美元报价的时候，虽然成交时买方总体上是吃了亏，但不是还有那么一位买到了价值700美元的车吗？他在心目中就会认为他碰到的这个卖方是诚信的。这也是逆向选择的进程中难得一见的亮点了。

从中可以得到两个启示：

第一，当任何一次使对方感到满意的成交完成以后，千万不要做出令他失望的后续行为。其实那位卖方应该也是自私的，我想他在市场信息一片混沌的状况下挂出的价格一定也是1000美元，如果有人出了1000美元他也会窃喜，只不过当这位顾客还价到700美元时他愿意成交而已。那么对这位顾客，卖方务必收起自私心理，因为这次交易既然已经成了无数欺骗中的亮点，在以后就要好好珍惜。假设汽车维修保养市场也是一个和旧车市场一样混乱的地方，那么卖方在给这位顾客报价时一定不要试图赚取任何信息不对称的差价，否则会终止原本可以有的各种合作的可能。

第二，你不知道哪一次的成交，会给你带来后续的利益，所以只有尽可能保证每一次都坚持公平价值原则，才能抓住其中有未来价值的部分。虽然看起来每一次都没有让自己的利益最大化，原本可以靠信息不对称多赚一笔的，但是职场也好，人生也好，都是多边多次的博弈，一次的不当举措会带来怎样的结果，谁也无法预测，而从长期来看，坚持正当的行为会有较好的回报。

有人在国外乘坐城际列车，虽然一般没人检票，但他天天都买票。要是他有一天没买，而那天正好碰到抽检查票，结果就被认定为长期逃票的不诚信分子，是不是很冤？而你并不知道哪一天会碰到查票。所以，个人职业品牌的建立需要经年累月，非常困难，但是毁掉它却很可能在不经意的一瞬间。

我在做每一次企业演讲和培训的时候都会尽心做好准备工作，包括事前的访谈，根据企业特性调整 PPT，了解受众的背景和信息，并在过程中关注每一个反馈。哪怕有些企业邀请我的时候非常随性，大咧咧地说"随便讲讲，反正你不管讲什么都对咱们员工有帮助"，我也不会敷衍了事。因为我不知道企业会在我离开以后给我怎样的评价，并且会将这评价传递到哪里；我也不知道哪些企业会为我做推荐、带来新的客户，所以我必须把每一次都当作最重要的一次来做。

当你正确地完成了你的一次次合作之后，你会逐渐地发现一些彼此认可、三观一致的人，大家都是良币，那么就组建一个良币圈吧。这里可能有你的老板、同事，还有你的合作方。

策略三：不放过任何一次信息交流的机会。

在逆向选择的进程中，唯一能改变它的只有信息交流。改变信息不对称的状况，除了改变自己、充分展示自己，还可以帮助对方。在《柠檬市场》中，买方也会想办法的，他们会去搜索攻略，看客户评价，也会去学习鉴别好车、坏车的技巧，还会去寻求信息交流。

所以作为良币，无论你是合作中的信息优势方还是劣势方，充分地参加任何信息交流都是有益的。而且，你不知道什么信息对于对方来说有价值，因此很多话题都可以交流，都可能有用，而你需要保持的是一贯的三观和态度。

策略四：契约。

如果我们把职场中遇到的所有事项都看成一次次的合作交易，那么合作之前的契约就非常有价值。保险公司就是通过严密的契约来约束和规范信息优势方的行为，尽可能地对其各种败德行为的策划进行打击，从而保障自身的利益。

职场人每天都在和不同的人打交道，比如老板、同僚、下属、外部人，虽然不是每次的事项都会有一份签字画押的纸质合同，但是有口头的约定也是好的。重要的是尊重契约的精神，以及通过契约获得的保障。在事项之前先明确责、权、利，然后对可能发生的各种外部情况都有所考虑，了解各方对于这件事情的认知、态度、评估的底线，这样通过契约就把双方的信息对称起来。

假设有一个升职机会，你和竞争对手能力差不多。他比较能说会道，了解各种新名词、新理念，能让自己表现成最懂得老板战略、最具有高层级思维能力的样子。而你则把新职位的工作职责和目标一一拆细，向老板要求完成它们所需的权限和资源支持，也谈了你对于薪资和待遇的理解和认可，相当于提供了一份"责、权、利"三位一体的岗位说明书，一旦老板认可就成立了某种契约。从信息对称的角度来说，我相信大多数英明的老板会更倾向于选择你。

而且你无须担心契约精神被对方破坏。虽然在生活中不遵守契约精神的人非常多，我不能保证你的契约精神每次都会得到最好的结果，但是相对于被劣币驱逐，相对于能获得的机会，我认为这么做总体上是值得的。毕竟对于一定层级的人来说，哪怕没有白纸黑字，要破坏自己曾经认可的契约多少也是需要付出一定代价的。

The Thinking

of

Economics

概念 11

机会成本和沉没成本——
重新定位自己，
确定性价比最高的选择

科学衡量机会成本

机会成本可能是经济学里最有意思的一个概念了。**它可以说不存在，却又真实存在着；它没有发生，却影响着你的决定。**

什么是**机会成本**？就是**某个个体（个人或企业）决定将资源投于某一项活动并且获取收益的时候，所放弃的投于另一项活动可以获得的收益。**你决定今晚去看电影而不是看球赛，看球赛的满意度就是你的机会成本，显然今晚的电影更加热门而球赛可能并没有你喜欢的队伍参加；股东会决定将企业的资金投入新项目中而不是用于利润分配，可以分到手的现金就是股东的机会成本，显然股东们一致认为新项目可以带来的回报肯定超过现金放到银行里的理财收益。

构成机会成本有三个点需要注意：第一，可以使用的资源是有限的，只能用于某一项活动而不能兼顾；第二，假如你所放弃的选项不止一个，机会成本是指其中最大的那一个；第三，鉴于你所选择的选项尚未实现，放弃的选项又已经不会发生，因此你对收益和机会成本的判断都是出于估测。

所以你看，机会成本其实不存在，也没有发生，但它又确实是有意义的，因为它决定了一个经济理性人应该做出怎样的判断才最为有利。

虽然机会成本不是会计意义上的任何一种成本，也无法以任何数值出现在企业的财务报表和运营统计中，但它确是任何企业进行决策的必要依据。29 岁就被聘任为哈佛大学经济学教授的曼昆先生，于 1998 年所撰写的《经济学原理》可能是史上最为成功的经济学教材之一。他所总结的"经济学十大原理"中第二条就是："某种东西的成本是为了得到它所放弃的东西。"从字面所不容易理解到的深意是：你所放弃的，除了所支付的实际现金或者其他形式的对价，还有你所放弃的其他机会可能带来的收益。

你要说，对于企业而言，机会成本的意义我可以理解，就是每一次进行战略决策和取舍时要对不同选项进行评估，那些被放弃的选项中价值最高的那一项就是相对于最终决定来说的机会成本。但是对于个人而言，机会成本这个概念有意义吗？我做任何事情有那么多选项可以考虑吗？我高不高兴、喜不喜欢我自己还不知道吗？我想看电影我就去了，想工作、想放假，just do it，"活在当下"、"顺其自然、随心而动"就是我的哲学。

其实，一个具有经济学思维的职场人，知道机会成本对于自己意味着什么：其一，每个职场人可以投入的资源都极其有限，无论是你的时间、精力、能力和经验，还是微薄可怜的薪酬储蓄。在职场这一盘强手棋里，起步时大家的差异并不会太大，但是每一次选择的正确与否决定了若干轮之后彼此之间的差异，有时候几轮之后就会天差地别。其二，如何在每一次都做出正确的选择，首先要确保自己已经考虑到了所有的选项，要是最高价值的选项根本就没有出现在你的清单里，那你无论如何选择都注定不会正确。其三，要能懂得合理衡量不同选项的经济价值，克服那些凭直觉、习惯经验的思考模式，以及不科学的心理误区。

有好几位学员向我咨询职业发展，我发现几乎每个人都有一次甚至几次单纯为了公司更大、更稳定和薪资更高而跳槽的经历，其中有的人中断了自己的职业发展轨迹，有的人放弃了原本熟悉的团队环境，还有的人因此而没有接受那些看起来不起眼而却有着很大发展潜力的职位。他们衡量成本收益时，看到的都是眼下实际发生的数字，而没有考虑过机会成本。

我的一位老朋友，多年来一直在某工业制造企业担任高管。在过去的 10 来年里，我一直劝他多接触一些新兴领域，他说忙于本职工作，没时间；我找他和我一起去商学院进修，他说贵，没意思，而且他的行业用不上什么人脉资源。两年前经济下行时，企业岌岌可危，老板优先清理的肯定是管理型、高薪酬的员工，因为制造工人和销售都是不可少的，管理人员在企业发展时期很重要，而到了收缩保命的时候意义就不大了，很多职能都可以分拆出去。当他拿了一笔遣散费离开企业的时候，发现以往所在的市场过于细分，而自己的年龄和知识结构又没有优势，结果四面望去几乎没有适合自己的职位。

我之前提到过行为经济学中对人们心理上"贴现率动态不一致性"的研究，我这位老朋友就是在机会成本问题上犯了这个错误，对于其他选项在当前时点上的时间、金钱的付出看得过重，而对未来时点上的潜在收益又估量不足。当一次次机会因为不合理的评估而被放弃的时候，他就把自己的职场道路走到了越来越窄的地步。

所以关于机会成本这个问题，我要给职场人提三个建议：

第一个建议：打包评估一下自己的资源。

作为职场人，你的资源主要分为这样几块，最大的一块是时间，其次是金钱和能力，再有就是家庭背景和人脉。很多人都没有好好梳理过自己的资源，而这些是你可以用于投入的东西，这样你才明白你可以投入的机会分别有哪些。

你可以用于职场的时间是多少？你是不是能妥善应对并处理手头的工作？你是不是需要加班？加班过程中你是不是得到了学习？你还有没有时间去系统学习新的必要的知识和技能？

你储备了多少金钱？将其中的多少用于持续投入学习和提升自己，你还能感到比较轻松？是每月两三百，还是可以每年四五万？你可以花费多少用于构建你和必要人士的亲近关系？你的个人职业能力达到了什么层级？你是否可以胜任现在的职位？你是否可以勉强胜任更高一级的职位？你还缺少哪些能力？

你的家庭背景可以给你提供怎样的帮助和支持？你建立起了怎样的人脉关系？你可以在多大范围和可靠程度内依靠你的人脉去解决问题？

很多人都没有对自己做过评估，有的人做过评估但是不够合理，或者是高估了自己，又或者是不够自信而低估了自己。当你客观地问完自己这些问题以后，你才能合理地对自己所有的资源进行打包评估。而在这个过程中，还有一点要提醒各位的是：哪一些资源处于短板，严重制约着其他资源的使用？哪一些资源的短缺非常急迫并且不难得到？例如，你面对着企业强制性的加班仅仅是做一些简单重复的工作，而你有一定的资金储备，并且有一定的人脉关系，只要在某个技能方面加强学习就可以胜任另一份更高的职位，你应该如何做才能提高自己的整体资源价值呢？

第二个建议：考虑所有的投入机会。

有一名学员向我咨询，他感到自己的销售能力提高得很慢，自己面临很大的压力，不知道该怎么办。我问他：你现在应对的潜在客户总数是多少？他说：40 家左右。我问：签约的是多少？他说：大约 4 家。我又问：那现在你面临的压力是怎样的？他说：大约要完成 8 家才能满足要求。所以他可能要去拜访、面谈 80 家左右的客户才行，而这可能超出了他的工作极限，那样子的工作强度和出差频率也会影响到家庭的稳定。

于是在他的可考虑选项中，只列出了两项：增加一倍工作时间，或者为了家庭稳定而承受降职、降薪甚至失业的压力。事实上，这两个选择的机会成本，可能都超出了他的承受能力。

我问他，你有没有对潜在客户和签约客户做过深度分析，归纳签约客户的共同点？签约客户的购买额度或者重复购买次数有没有可能提高？大客户是否可以优先差别对待？未签约的客户的主要诉求和不满在哪里，有哪些可以解决？最终是不是可以做到从 60 家潜在客户中完成 8 家签约的目标，或者只要 7 家甚至 6 家签约客户就可以完成销售目标？从他愣怔的眼神中，我发现他的销售技能欠缺和自我管理不足才是问题的根本。

所以很多时候，是你的眼界和思维能力制约了你去看到所有的机会。我建议所有的职场人都要拿出一些时间和精力，去接触企业的高管、行业的前辈，去听取各种讲座，参加有效的培训班，去学习和了解别人是如何看到那些你看不到的机会的。

第三个建议是：用经济学思维而不是直觉和心理偏好来做评估。

在选择必然到手的 100 万元，哪怕 1000 万元、2000 万元的时候，你要根据经济学思维来理解，你放弃的那个 50% 的概率拿 1 亿元，50% 的概率什么都没有的选项，它的机会成本是 5000 万元！如果必然到手的资金对你非常重要，而什么都没有则可能会带来潜在的损失，那你也必须客观地把这些因素加入题面中，重新考量后再得出结论。

人们在看到打折期即将结束的时候，往往会产生强烈的购买欲望。但是你需要衡量的难道只是打完折的这件商品是否符合你的性价比要求这一个判断吗？如果这件商品并不那么必需，打折期结束后恢复的原价和你有关系吗？当你看到另一家商店打折力度更大的时候，和你已经购买的这件商品之间你又如何比较？如果过了几个礼拜，你发现这家店还在继续打折，你顿时觉得上当了、买亏了，而我从经济学的角度告诉你：你购买的价格没有亏，而你购买的行为的的确确是亏了。

我建议大家在完成自我评估和尽可能地找到机会选项以后，把这当成是老师布置的一个经济学的题目，使自己跳出题目范围，从旁观者的角度来思考这个问题。你应该怎样完成手头的工作？你应该怎样安排时间？你应该如何看待跳槽机会？你应该制订怎样的职业规划才能更快、更好地进步？就像我之前例子中的那些学员，公司更大、更稳定、薪酬更高，都是基于直觉和自然心理产生的收益感和满足感，而自己的胜任能力、长期规划的价值、学习和成长的价值都不是直觉能告诉你的，需要你用经济学思维来分析和努力量化。把看不清的成本和价值看清楚，是不同层次的人相互拉开差距的基本能力之一。其中有些人也曾跟我说过，当时觉得是个好机会而决定跳槽时，在欣喜之余内心隐隐也觉得似乎有一丝不妥，但又说不出为什么。其实他们已经有几分克服直觉的意识了，所欠缺的是更强的思维和分析能力，来把那一丝隐隐的不妥给看清楚。

理性对待沉没成本

所谓**沉没成本**，顾名思义就是已经投入并且不可回收的资源，而且它们与你当前行动的判断和选择无关。

沉没成本是经济学中和机会成本一样有趣的一个概念，而且这两个概念会经常放在一起讨论，因为比较起来特别有意思：**机会成本可以说既不存在，但又真实存在，而沉没成本完全真实存在，有据可查、有数为证；机会成本并没有发生，又影响着选择和决定，而沉没成本确确实实都发生了，却又确确实实不应该影响任何判断。**

在股票投资市场上，从很多行为中可以看出人们在这两个概念上所犯的一系列错误。例如，人们花 10 元买了一只股票，当股票跌到 9 元的时候，有的人选择继续持有，认为既然已经花了 10 元钱，总要赚回来，给多点时间股价总是会回升的；有的人每次下跌就会选择买入，理由是平摊一下成本就降低了，股价回升的时候赚回来更容易一些。从机会成本的角度出发，你要看的是将 9 元的价格折算成现金，究竟是买现在这个股票划算，还是买其他的股票抑或是干脆就拿着现金更划算？而从沉没成本的角度出发，你之前哪怕花 20 元买的和现在也没有任何关系，你要问自己的就是，花 9 元买这只股票你愿不愿意？我在讲理财课的时候一直跟大家讲一句话："当股票下跌的时候，如果你判断没有继续买的理由，那就应该抛掉，无论你是花多少钱买的。"

生活中很多人都被沉没成本所误导，就是基于两大错误心理，对失去和放弃会有较多的非理性恐惧，而具有对未知的乐观期待时又容易放弃对风险的警惕。假如你认为一张票价 300 元的演唱会门票性价比很合理并且买了票，而到了现场你发现票丢了，这时你发现还能买到原价票，于是你重新购买进场是合理的；你发现只有高价的黄牛票，于是你选择打道回府也是合理的；但是有很多人会从黄牛那里买上一张 400 元的票，然后振振有词地说："如果我不看，就损失了 300 元；现在我虽然多花了 100 元，但是我挽回了 300 元的损失……"如果你觉得"他说的挺有道理啊"，那我可救不了你了。300 元的损失是沉没成本，而出于对失去的恐惧和执念而买超过性价比成本的黄牛票，又加大了100 元损失，这才是事实。

那些抱着"宁死不割肉"理念的投资者，经常会这样说，"已经跌了这么多，接下来上涨的概率肯定比下跌要高出很多了，所以要继续持有"。而支撑着经济学基石的概率论和数理分析告诉我们：已经发生的事情并不会改变事情固有的发生概率，在连续扔出 9 次正面以后，第 10 次扔硬币出现正反面的概率仍然各是 50%。事实上，从回归分析来看，下跌过程中的股票大多数时点上继续下跌的概率都比上涨要高，所以我也经常告诫投资者"最好不要总是试图做左边"。左边的意思就是最低点的左面都是下跌趋势，而你并不知道最低点会在什么时候出现，所以不做左边就是不要在下跌趋势的通道中买入。这就是人们总是会对未来收益的期待乐观过头，而对损失却低估，甚至视而不见的心理效应。

生活中的错误心理，对于职场人的职业发展来说也有极大的影响。

在我上大学的年代，财会专业非常火爆，很多人要付出极大的努力和代价才能进入财会专业学习。然而在毕业时，就业市场上财会专业的供需状况已经发生了变化，曾经期待的高收入并不那么容易实现。有些人选择以财会知识为基础进而向财务管理、审计、税务方向或者并购投资方向转移，还有很多人觉得在财会方面已经投入了那么多，不忍放弃，仍然选择了纯粹的财会工作，然后技能不断熟练，业务水平不断提高，职位薪资也在缓慢上升中，沉没成本越来越多。而相对于其他选择来说，机会成本也变得越来越高，他们总是对自己薪资的提高过于期待，而对于整个职业领域的缩窄趋势不能或者说不愿意去看到。结果几年以后发现，自己的职业提升已经落后了其他人一大截。

对于沉没成本的不舍和对机会成本的误判，会出现在职场人的每一次大大小小的判断中。

我的一位好友曾经是某时尚杂志的主编，她告诉我她有位闺蜜当年执掌着另一家杂志，两人曾经联袂行走江湖，风光无限。后来纸媒没落已成定局，她转行成为自媒体人和心理咨询师，著述多本，粉丝成群。而她的闺蜜从十几年前就和她说："杂志不行了，干得真没意思，我也要转型……"然后同样的话每年重复，然而每年都没有行动，就是因为位置还在，股东也还撑得住，实在下不了决心主动放弃所有的既得利益。多少人就因为"放不下"这三个字，任凭一个个机会从身边流过又逝去，最终随着青春渐远而逐渐沉沦。

当职业发展到一定阶段会出现阻碍和瓶颈，和外部环境的周期以及自身发展周期相关，也必然会有顺境和逆境，在"边际效应"和"周期"章节里有过分析，职场人需要在此时跳出原来的舒适圈，调整工作方式和节奏、重心，通过学习提升进而思考和实践自我变革。很多人在一下子跌落谷底的时候能痛定思痛，做出正确选择，而在缓慢下行时反而会优柔寡断，"温水煮青蛙"就是最好的注解，曾经拥有的东西会成为最大的负担和拖累。

如果要给所有职场人一个建议，我要说八个字：**承认错误，着眼未来。**

这八个字从什么时候开始做？现在，马上。

就以今天为基准日，来把你过去所有的积累都抖出来，捋一捋。你的社会位置和社交关系，你的工作技能和其他能力，你的管理能力和情商、职商，你所有的成就以及所有已经得到或者还能得到利益的方式……就像整理你的房间一样。前两年"断舍离"的活动风靡一时，我也曾经按照这个方式把家里清理过一次，合用喜欢的东西归置好，过期无用的东西扔出去，然而最为难且数量最多的，是那些花费了金钱和精力来获得，但是长期不用的东西，而要真说用不上呢，在脑海里又确实能构建出一个使用场景，只是那个场景谁也不知道什么时候会出现。这些就是沉没成本中最难清理的部分。

你需要以今天为界，把自己的过往也"断舍离"一下。有些不恰当的服饰和用品请清理掉，有些没有实际意义却又占据大量精力的圈子和活动请清理掉，有些经年累月形成的能力或习惯，如果看不到显著效益请先放在一边，有些投入不菲的学习或者培训，如果看不到显著效益的也请放下……经过对自己的一番"断舍离"之后，整理出你最核心的竞争力和位于第二层的辅助能力，重新确立自己的形象和人设。

每个人都是犯过错误、走过弯路的，怕的是不承认，并且想用更多无谓的消耗来证明自己没有错。"断舍离"的过程，就是承认错误的过程，之后才有那个更纯粹、更清晰、更有力的自己。

然后是重新调整你的发展规划、年度计划和最近的日程。这个调整是根据刚刚重新进行了评估的自我定位，并基于你对宏观外部环境、企业环境、职业领域发展趋势、自我内心愿景等方面，进行深入、理性、详尽的分析和研判，比对权衡后得出的结论。

你从今天开始做，但不能急于得到结果，对于环境、趋势，可能单凭现在的你未必能得出足够好的分析结果，你需要去寻找前辈的帮助和听取专家的建议，有不明白的地方还要继续考证，一直到心无疑惑、信念确立为止。到那时，你在充分了解自己，又充分了解目标的情况下，才可能做出合理的发展规划，并且细分到年度计划，落实到最近的日程安排上，滚动调整，砥砺前行，直到看到一个不一样的自己。

　　承认错误、重新定位自己的过程，就是理性对待沉没成本的过程；而着眼未来、科学分析、重新自我规划的过程，就是拿自我评估去比对不同的发展路径，根据机会成本来确定最高性价比的选择的过程。

结语

这本书其实动笔于 4 年前。

当时在企业做内部培训，我讲到了作为员工究竟应该怎样自我定位——你是企业的"成本"还是"资本"，把自己看作成本将会怎样，而看作资本的话又将有怎样的未来。当我讲到个人领导力提升的时候，我也不自觉地用到了边际效应的原理来解释授权和自我成长空间的关系。

这时，我产生了一个念头：我是系统学过宏观、微观经济学的，所以看待任何问题都习惯性地用经济学的原理来做理性的分析和思考。那么如果职场人都能用经济学思维来看待问题，而且职场上的管理者和其团队之间也能达成经济学思维上的共识，这对于企业来说不也具有极大的价值吗？

自此，陆陆续续，一篇一篇、一个概念一个概念地进行思考和分析，我将自己多年的投资和企业管理实务经验融汇于其中，越写越感到经济学思维对于职场人的确是必备的意识，现实中有多少人在工作和自我管理上的错误就是由思维方式的缺陷导致的。

到今天为止，我基本说完了经济学常识中大部分的重要概念，以及职场人在工作生活中如何运用这些概念来思考和分析问题。收笔成书之时，既有经年的心血积累和诚心实意、瓜熟蒂落的窃喜，也有丑媳妇终要见公婆的惴惴不安。鉴于我对有些古典经济学派的学习还谈不上专业，在社会心理学方面更非科班出身，文中定有疏漏或不当之处，如蒙指正，不吝感激。但我对书中所有关于职场人的建议均充满自信，绝不至于误导，因为这不仅是经济学大师们给我的自信，也是我多年工作经验和所见案例的验证结晶。

感谢当年上海交通大学的各位恩师在宏观、微观经济学上对我的"开蒙"；

感谢曼昆的《经济学原理》帮助我构建起自己对经济学认知的架构；

感谢《薛兆丰经济学讲义》，让我看到经济学在科普与运用领域有如此有趣的描述方法，能帮助到千万级的人群。暂且不贸然设想本书能触达多少人，然而从内心来说，即便有一人因此而改变职场认知并且重建职场天地，已是功德。

感谢《魔鬼经济学》，列维特和都伯纳，一位经济学家和一位记者的组合，将人们不明所以却已司空见惯的、百思不得其解的社会现象用经济学的方法进行深刻的剖析，并以前所未有的笔触将其展示于世间。鉴于我在经济学研究和文笔上的不足，本书只能称为向其的一种学习和致敬。

感谢《赢家的诅咒》和《错误的行为》，理查德·塞勒先生作为行为经济学的先驱人物，打开了传统经济学和社会人性之间的对立统一的研究大门，从而让经济学得以更加贴近现实，也让解决现实问题成为我写作本书的理念之一。

感谢《创新者的窘境》，克利斯坦森先生对当代企业问题的深入探讨，是我对管理科学 2.0 时代萌生思考的原因。从企业家、管理者的角度，需要推出各种新型的管理理念和方法以使企业能适应新时代的发展，但是要想在实践中获得成功，只有员工与中层管理团队的认知达成统一才能事半功倍。我希望自己能在推动企业中所有职场人的思维提升方面有所贡献，从而推动企业与职场人共同进步、各有成就。

本书中有很多灵感火花与智慧论述来自所列出的前人，以及哈耶克、阿尔克洛夫等前辈先贤，在此一一致谢。

我希望自己的思考和认知能成为一种"资本"，在所有职场人的工作过程中和发展道路上能产生收益，由此资本的回报才有意义。

我希望自己的作品能帮助职场人找到新的供需关系，跳出边际效应的陷阱，应对内外部周期的风云变幻，实现自我的最佳估值。

我希望职场人能将风险管理意识，帕累托改进，博弈论，信息对称法和对机会成本、沉没成本的思考都纳入自己的思维模式中，进而使之成为习惯，抵抗住直觉判断的惰性和心理愉悦的诱惑，让自己的行为更加高效、有利。

如果你有所改变，有所得到，请让我知道。这将是对我最大的鼓励和褒奖。

刘捷

2019 年 4 月 16 日星期二于上海